Martina Güldemann
Otto Künnemann

Auf Mark(t) und Pfennig

Geschichten und Anekdoten
aus dem alten Leipzig

Band 5

Wartberg Verlag

Impressum

Für Informationen und Schilderung ihrer Jugenderinnerungen danken wir sehr herzlich: Frau Elfriede Brandt, Frau Ruth Doberrentz, Frau Gisela Lenz, Herrn Peter Franz und Herrn Manfred Ulmer

Titel und Rückseite: Die Leipziger Markthalle am Roßplatz, Fotografie um 1910

Fotonachweis:
Archiv Güldemann (18 Abbildungen)
Archiv Künnemann (32 Abbildungen)
Manfred Ulmer S.19, S.20
Dorothea Piesold S.31
Elfriede Brandt S.48, S.51
Gisela Lenz S.72 (2)
Axel Müller S.79

1. Auflage 2009

Layout: Attila Jo Ebersbach, Kassel
Druck: Thiele & Schwarz, Kassel
Buchbinderische Verarbeitung:
Buchbinderei Büge, Celle

34281 Gudensberg-Gleichen, Im Wiesental 1
Telefon (0 56 03) 9 30 50
www.wartberg-verlag.de
ISBN: 978-3-8313-2063-9

Inhaltsverzeichnis

Auf Mark(t) und Pfennig 5
Klingers Muse 11
Kleider machen Leute 15
China-Müller 18
(Wild)Schweinische Perlen 21
Erschossen wie Robert Blum 24
Leipziger Originale: Georg B. & Edwin B. 27
Kuriose Gastronomie 30
Der stille Schwarm 33
Persianer-Parkplatz 35
Kommt ein Messeonkel geflogen 37
Kein kühner Springer 40
Schwanengesang (in memoriam St. Matthäi) 43
Turt'l-Allee Nr. 57 47
Allweg „Gut Heil" 50
Tausch-, Schwoof- und Flimmerzentrale 53
Zweinaundorfer Wäsche-Kuchen 56
Sehen, was andere hören 60
Ein Haar in der Suppe 63
Ein „sittenloser" Brunnen? 66
Lady africana 69
Gertrud im Blumentopf 73
Ein Sohn kehrt heim 77

Vorwort

Hallo, liebe Freunde der Geschichten und Anekdoten aus dem alten Leipzig. Wundern Sie sich bitte nicht über meinen leutseligen Ton, aber inzwischen sind wir ja schon fast wie eine große Familie. Finden Sie nicht auch? Würde es noch einen sechsten Band geben, ginge ich bestimmt zu einem vertrauten „Du“ über. Aber nein, noch einen weiteren Band, gefüllt mit liebenswerten Geschichten aus unserer Heimatstadt, wird es definitiv nicht geben. Ich weiß, mein lieber Freund Otto Künnemann und ich haben dies schon nach dem dritten Band gesagt. Aber irgendwann muss man aufhören, und das soll man ja bekanntlich, wenn es am schönsten ist. Und jetzt ist es am schönsten, und das haben wir Ihnen, liebe Leserinnen und Leser, liebe Freunde, zu verdanken. Sie haben uns treu durch alle Bände begleitet, mit uns geweint und gelacht. Sie haben unsere kleine Reihe so ins Herz geschlossen, dass beispielsweise der erste Band „Also, morgen halb acht, bei Blumen-Hanisch!“ bisher bereits in sieben Auflagen erschienen ist. Sie haben uns immer wieder Anregungen für diese kleinen Anekdoten gegeben. Und dafür gebührt Ihnen ein riesiges Dankeschön – und dieser fünfte Band.

Martina Güldemann

Auf Mark(t) und Pfennig

Kürzlich habe ich davon gehört, dass es Überlegungen gibt, die im Krieg stark beschädigte und später abgetragene Leipziger Markthalle wieder zu errichten. Das wäre sehr erfreulich, denn wie das Areal des früheren Roß- und Königs-, des heutigen Leuschnerplatzes jetzt aussieht, ist beschämend.

1888 hatte die Stadt einige alte Häuser an der unteren Windmühlenstraße aufgekauft, abbrechen lassen und auf dem so gewonnenen Baugelände in den Jahren 1889 bis 1891 die Städtische Markthalle errichtet. Der Architekt war kein Geringerer als Hugo Licht, dessen Meisterwerk einige Jahre später gleich nebenan unser prachtvolles Neues Rathaus werden sollte.

Ansichtskarte von Leipzigs Markthalle, Poststempel 28. Juli 1893.

Leipzigs Markthalle war die modernste zu ihrer Zeit. In den geräumigen Kelleranlagen befanden sich Kühlräume, deren Waren durch hydraulisch betriebene Aufzüge problemlos und rasch zum Erd- und Obergeschoss transportiert werden konnten. Im Erdgeschoss verkaufte man vor allem Fleisch, Fisch, Obst, Gemüse und Kartoffeln. Darüber, auf der Empore, gab es Brot und Backwaren, ebenso Küchengeräte, Erzeugnisse von Korbmachern und Böttchern. Dort fand man auch die beliebten Bauernstände. Die Landleute boten dort die Produkte ihrer Höfe und Gärten besonders preisgünstig feil. Hier oben konnte man sich für wenig Geld auch mit Speis und Trank stärken. Wer das jedoch in gehobenerem Ambiente tun wollte, brauchte nur wenige Schritte zum kreisrund errichteten Etablissement „Panorama“ hinüberzugehen.

Ich erinnere mich noch an die ausgebombte Markthalle nach dem Krieg. Obwohl noch in wenigen Teilen genutzt, hat man die Ruine Anfang der 50er Jahre oberirdisch, ohne die Kelleranlagen, abgetragen.

1947 am Roßplatz. Im Bild links die ausgebrannte Markthalle.

Ganz vergessen habe ich Leipzigs ehemals größten Einkaufstempel dennoch nicht, und das liegt an meiner Oma. Minna Arend, Jahrgang 1888, war, wie ihr „Dienstbuch“ ausweist, 1904/1905 als „Aufwartung und Küchenhilfe“ in einem Geschäftshaus in der Arndtstraße tätig.

Zwar hatte man Fleischer, Bäcker und „Kolonialwaren“ in unmittelbarer Nähe, aber sie musste zum Einkauf bis zur Markthalle. Natürlich zu Fuß, denn dort war es um ein Weniges billiger, und gerechnet wurde nun mal mit dem Pfennig. Mit dem schweren Einkaufskorb am Arm war dann der reichlich halbstündige Heimweg für die „Stütze“ ein recht saurer.

Auch meinen Opa gab es schon in Minnas Leben. Er leistete seinen Militärdienst ab und diente als sogenannter Einjährigen-Freiwilliger im Leipziger Infanterieregiment Nr. 107. Und wenn sein Dienstplan und ihr Ausgang es zuließen, erlebten sie glückliche Stunden. Passend dazu fand ich Edwin Bormanns liebenswertes Gedicht in sächsischer Mundart: An IHN!, einen „Erodischen Jubelhymnus ännes Mädchens for alles“:

Es steht ä Name felsenfest
mir dief ins Herz geschriem,
den liebt mei Busen fier un fier
denn d'r selbsche is ä Fieselier
von Nummer hundertsiem.

Hack ich Fleesch, goch ich Gohl
oder scheire ich de Trebben,
den ganzen Dach, bardie egal,
umschwebt er mich als Ideal
mit blank gebutzt'n Knebben.

Wenn er abends seinen Arm
mir darbringt zum Geleite
da werf ich hindericks 'n Gobb,
uns Herze leifd m'r Sturmgalobb
an seiner blauen Seite.

Wenn seine Blicke giedevoll
sich mir entgegeneilen
so isses als durchbohrt es mich
off eenen Rucks un eenen Stich
mit dausend Liebesfeilen.

Doch neicht gar zu änn Kriegerkuss
sei Schnauzbart sich hernieder,
so juwelds durch de Seele mein:
Fest steht un trei de Wacht am Rhein
un schwubbs – da hat er'n wieder.

Mei Busen streibde lange sich
gegen jeden Eegendiemer,
doch dir, du stolzer Fieselier,
gewähr ich ew'ches Freiquardier,
mei sießer Hundertsiemer!

Eines Tages erteilte die gestrenge Hausfrau meiner Oma wieder Einkaufsaufträge. 20 Mark gab es als Barschaft. „Pass aber gut aufs Wechselgeld auf, nicht dass dann etwas fehlt. Denke auch daran, in der Markthalle gibt es Taschendiebe. Und bummle nicht wieder so lange rum!" Nachdem die kleine Minna, natürlich unbeobachtet, die Augen leicht verdreht hatte, schaute sie sich die Münze an. Die verschiedenen Herrscherbildnisse der deutschen Länder oder die Wappen der Hansestaaten fanden ihr Interesse. Dieses Mal war es sogar eine richtige Majestät, geprägt in Gold. Die Münze zeigte das Abbild des bedauernswerten Kaisers Friedrich III., der bereits als todkranker Mann den Thron seines Vaters Wilhelm I. eingenommen hatte und bis zu seinem Ableben nur 99 Tage regierte. Er erlag einem heimtückischen Krebsleiden. Nicht zum Segen für das Reich folgte ihm 1888, im sogenannten „Drei-Kaiser-Jahr", sein Sohn Wilhelm. Wilhelm II. war, auch für ihn überraschend, zur Machtübernahme gekommen – selbstherrlich und viel zu jung und mit dem „Talent" versehen, andere Nationen vor den Kopf zu stoßen. Er war Deutschlands dritter (und letzter) Vertreter des kurzlebigen neuen Kaiserreiches.

Im „Sonntagsstaat". Minna während ihrer Dienstzeit um 1905, 16 oder 17 Jahre alt.

Die Münze kam in Minnas kleine selbst gehäkelte Börse, und die ganz unten in den Korb hinein. Dann ging's über die Bayrische, die Windmühlen- und die Brüderstraße zur Markthalle. Und dort, beim ersten Einkauf, traf sie ein furchtbarer Schreck: Börse samt Inhalt waren weg! Verzweifeltes Suchen, sinnloses Umherirren. Als Diebin würde man sie hinauswerfen und nach Hause schicken – diese Schande. Doch es half nichts, sie musste sich ihrer Herrschaft offenbaren. Und das verweinte, schluchzende Mädchen wurde von der Hausfrau – mit einer Umarmung empfangen ...

Etwas Wunderbares war geschehen. Ihre Freundin, die Friederike, war ganz in der Nähe am Körnerplatz ebenfalls „in Stellung". Das sogar bei einer ganz „feinen" Familie, der eines Herrn „Kommerzienrates von ..."! Für sie hatte Minna das gleiche Geldtäschchen gehäkelt. Ein glücklicher Zufall wollte es, dass Frieda ebenfalls zum

20 Reichsmark 1888, Königreich Preußen, geprägt in 900er Gold in einer Auflage von 5 363 500 Stück. Bildnis des Kaisers Friedrich III.

Einkauf in die Markthalle gegangen war. Und die glaubte ihren Augen nicht zu trauen, als sie vor ihren Füßen, verschmutzt und darauf herumgetreten, ihre kleine Börse sah. Nein, nein, hier war ja ihre – aber das konnte doch nur Minnas sein! Als sie den Inhalt entdeckte, eilte sie sofort zur Arndtstraße. Als mir das Oma erzählte, und dabei leise sagte: „Der treue Herr ...", habe ich nicht gelächelt. Und ein kleines Wunder war das schon. Offenbar durch eine Lücke im Korbgeflecht musste die schwere Münze samt der Stoffumhüllung geglitten sein.

Aber zurück zur Markthalle. Ihre Kapazität war begrenzt und konnte mit der expandierenden Stadt nicht Schritt halten. Als man die Halle erbaut hatte – also um 1890 – lebten in Leipzig etwa 350 000 Menschen. Inzwischen hatte sich bis zur Mitte der 20er Jahre die Einwohnerzahl der Messestadt beinahe verdoppelt.

Den höchsten Bevölkerungsstand erreichte Leipzig übrigens im Jahre 1931. Die Erfassung ergab damals die stolze Zahl von 719 300 Personen. Man sprach von der kommenden Millionenstadt ...

Die Markthalle blieb dann ab Mitte der 20er Jahre ausschließlich dem Klein- und Einzelhandel vorbehalten. Und in einem großen Bauprojekt entstand in den Jahren von 1927 bis 1930 im Südostraum Leipzigs, unweit des Völkerschlachtdenkmals, die neue Großmarkthalle.

Sie erhielt nun auch die dringend gewünschte Eisenbahnanbindung, die man bei der alten Markthalle immer schmerzlich vermisst hatte. Alle Güter mussten aufwendig umgeladen werden.

Selbst Straßenbahngleise wurden zur neuen Großmarkthalle geführt. So konnte eine Warenanlieferung bequem und preiswert nicht selten bis unmittelbar vor das entsprechende Geschäft gebracht werden. Solche Straßenbahn-Markthallenzüge verkehrten bis in die 50er Jahre hinein.

Die Großmarkthalle wurde geprägt von den beiden weithin sichtbaren, auch heute noch beeindruckenden Stahlbetonrippenkuppeln von jeweils 75 Metern Spannweite, die von den Messestädtern schon bald als ihr „Kohlrabizirkus“ bezeichnet wurden.

Otto Künnemann

Klingers Muse

Bei Rundgängen im schönen Leipziger Musikviertel gibt es zahlreiche architektonische Besonderheiten zu sehen – aufwendige und attraktiv gestaltete Bauten, herausragend das ehemalige Kaiserliche Reichsgericht. Bildermuseum war es zu DDR-Zeiten und verfiel dabei immer mehr. Heute, nach einer hervorragenden umfassenden Restaurierung wird es als Bundesverwaltungsgericht wieder juristisch genutzt. Die Hochschule für Musik und Theater „Felix Mendelssohn Bartholdy", auch die Hochschulen für Grafik und Buchkunst und die für Technik, Wirtschaft und Kultur sind sehenswert. Das schönste Bauwerk des Musikviertels aber ist die Universitätsbibliothek, das 1891 eröffnete Meisterwerk des Leipziger Architekten Arwed Roßbach. Prächtige Bürgerhäuser gibt es hier, und je weiter man von der Harkort- zur Karl-Tauchnitz-Straße kommt, umso aufwendiger wurden sie gestaltet.

Mein Favorit ist das Haus Schwägrichenstraße 11. Vor allem deswegen, weil in dem attraktiven Gebäude vor gut einem Jahrhundert eine bemerkenswerte Frau lebte. Das war Elsa Asenijeff. Die Schriftstellerin, aus Wien gebürtig, war nach einer gescheiterten Ehe mit einem bulgarischen Diplomaten nach Leipzig gekommen.

Das Haus Schwägrichenstraße 11. Elsas Wohnung hat sich in der eleganten zweiten Etage befunden.

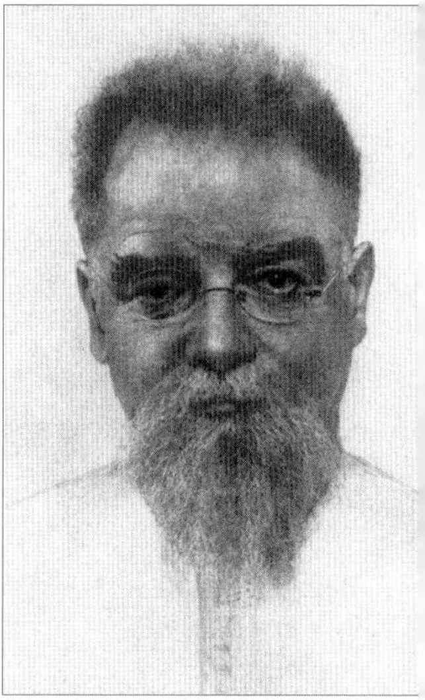

Max Klinger (1857–1920), „Portraitfotografie" 1913.

Bei einer Abendgesellschaft des „Literarischen Zirkels" im Februar des Jahres 1898 lernte Elsa den Leipziger bildenden Künstler Max Klinger kennen. Den Schöpfer monumentaler Gemälde wie „Die blaue Stunde", „Die Kreuzigung Christi", „Christus im Olymp" oder auch wundervoller Plastiken wie die „Kassandra", die „Salome" und natürlich sein alles überragendes Meisterwerk, der „Beethoven".

Zwischen Max Klinger und Elsa Asenijeff entwickelte sich eine große romantische Liebesgeschichte. Er richtete ihr die hochherrschaftliche Wohnung in der Schwägrichenstraße ein und besuchte sie so oft wie möglich. Dennoch war das Paar viel auf Reisen, wohl auch, um einmal dem Getuschel zu entgehen. Eine „wilde Ehe" hatte doch um 1900 noch etwas sehr Anrüchiges. In Italien, in der Schweiz, vor allem aber in Paris konnten sie ungezwungen und unbeobachtet leben.

Dort, an der Seine, war es auch, wo Elsa im September 1900 ihre gemeinsame Tochter Désirée zur Welt brachte. In Leipzig erfuhr man davon nichts. Das Kind blieb in Frankreich und wuchs bei einer Pflegemutter in einem Dörfchen unweit von Paris auf. Erst nach Klingers Tod, also bereits als junge Dame, kam Désirée, wenn auch nur vorübergehend, nach Leipzig.

Elsa Asenijeff war für Max Klinger weit mehr als nur die Geliebte. Sie wurde zu seiner Muse, sie war ihm künstlerisches Studienobjekt: Eine stattliche Reihe von Zeichnungen und Gemälden gibt es von ihr und eine lebensgroße Büste von des Meisters Hand.

Darüber hinaus war Elsa seine Kritikerin und hat durchaus auch Einfluss auf Klingers Werk genommen. So soll beispielsweise der bronzene Thron des „Beethoven“ auf ihre Anregung zurückgehen.

Die große romantische Liebe endete leider recht unromantisch, und der Ausgang wirft nicht das beste Licht auf Max Klinger. Im Herbst des Jahres 1911 war das Verhältnis nicht mehr so recht intakt. Klingers Besuche bei Elsa wurden selten, und ab Beginn des neuen Jahres blieben sie ganz aus.

Woran es lag? Nun, der Grund war hübsch, gut gebaut und 23 Jahre alt. Der 54-jährige Künstler hatte eine neue Muse gefunden, das Fräulein Gertrud Bock.

„Elsa Asenijeff“, Ölgemälde Klingers aus dem Jahr 1903.

Elsa war 44 Jahre alt. Was sollte sie gegen die 20 Jahre Jüngere machen, die mit gläubig-strahlenden Kinderaugen zum großen Meister aufschaute? Nicht kampflos, aber dann doch resignierend überließ Elsa ihrer Nachfolgerin das Feld.

Und für sie brachen schwere Zeiten an, denn jetzt entfiel die bisher gewährte Unterstützung Klingers. Ihre zweite, etwas kleinere, aber auch sehr schöne Wohnung (sie war von der Schwägrischenstraße in die Dufourstraße 18 gezogen) konnte sie schon bald nicht mehr halten.

Das nun folgende Domizil befand sich nicht mehr im eleganten Musikviertel, sondern in einem Hinterhaus in der Windmühlenstraße. Wenn es auch für Elsa noch kleine literarische Erfolge gab, das Geld reichte trotzdem einfach nie aus.

Max Klinger hatte in Großjena bei Naumburg ein schönes Weinberggrundstück mit einer geräumigen Villa erworben, seinen Landsitz. Dort ist der Meister am Sonntag, dem 5. Juli 1920 verstorben.

In seinem Testament hatte er Elsa Asenijeff nicht einmal erwähnt, geschweige denn ihr irgendetwas vermacht. Das wollte sie nicht hinnehmen und prozessierte gegen die Haupterbin Gertrud. Da Klinger aber Fräulein Bock noch kurz vor seinem Tod geehelicht hatte, stand Elsa auf verlorenem Posten. Ihre letzten Ersparnisse gingen in Streitigkeiten mit Behörden und Gerichten drauf, und bald war sie nicht mehr in der Lage, die kleine Wohnung in der Windmühlenstraße zu bezahlen.

Obdachlos und verwahrlost wurde die einst Gefeierte in Leipzig zum Gespött. Man griff sie behördlich auf und wies sie ins Arbeitshaus an der Riebeckstraße ein. Ihre renitente Art und die Tatsache, dass sie teilweise unkoordiniert daherredete, waren Grund genug, sie zu entmündigen und in die Psychiatrie einzuweisen. Dösen, Hubertusburg und Colditz hießen ihre unrühmlichen Verwahrorte. Ende des Jahres 1940 kam sie schließlich in die Nervenheilanstalt Bräunsdorf bei Freiberg.

Dort ist Elsa Asenijeff im Alter von 74 Jahren am 5. April 1941 verstorben. Und hier, am Ende ihres Lebens, tut sich noch ein schrecklicher Verdacht auf: Wie starb eine alte Frau, die ihrer Sinne nicht mehr ganz mächtig war, in einer solchen Anstalt zur NS-Zeit ...?

Otto Künnemann

Kleider machen Leute

Inzwischen ist es recht bekannt geworden, dass ich immer an kleinen Alt-Leipzig-Geschichten interessiert bin. Und so erzählte mir auch Peter, ein guter Bekannter, die folgende hübsche Anekdote. Held der Handlung ist sein Urgroßvater, und man schrieb das Jahr 1888.

Zu dieser Zeit war der Rudolf Student an der Alma Mater Lipsiensis. Nicht nur die Rechtswissenschaften hatten es ihm und zwei befreundeten Kommilitonen angetan, mehr noch der Messestadt zahlreiche Wein- und Bierwirtschaften und ganz besonders Leipzigs allzeit hübsche Mädchen. Jeder der drei war in ihrer Burschenschaft bekannt als „fideles Haus", wie man damals sagte.

Ihre Burschenschaft war das „Korps Saxonia" mit dem Domizil in der Elsterstraße. Die jungen Herren der „Saxonia" sollen besonders trinkfest und Händeln nicht abgeneigt gewesen sein. Wie zu dieser Zeit in studentischen Kreisen üblich, war man deutschnational eingestellt, verehrte das Kaiser-, bei der „Saxonia" aber ganz besonders das sächsische Königshaus.

Oh, alte Burschenherrlichkeit: „Heimkehr vom Kommers".

Im Juli 1888 brachte die Zeitung die Meldung, dass am 18. August endlich das schon sehnlich erwartete Siegesdenkmal auf dem Leipziger Markt enthüllt würde. Und weiterhin war zu lesen, dass Ihre Majestäten König Albert und Königin Carola von Sachsen, sowie Prinz Georg, der Bruder des Königs, mit seinem ältesten Sohn Prinz Friedrich August zugegen sein werden.

Sofort war unserem Kleeblatt klar, da müssen sie dabei sein! Der Plan bekam jedoch einen gehörigen Dämpfer, als sich herausstellte, dass der Markt zum großen Teil gesperrt sein würde und einem geladenen Publikum vorbehalten bliebe. Was tun? Da war guter Rat teuer.

Doch nein, so teuer nun auch nicht. Unser Rudolf hatte die rettende Idee: Man müsste sich hochfeine Garderobe besorgen und dann wäre es doch gelacht, wenn man sich, elegant gewandet, nicht unter die geladenen Gäste mischen könnte.

Das Siegesdenkmal an der Nordseite des Marktes. Es wurde enthüllt am „Tag von St. Privat“, das war der 18. August. Dort, bei St. Privat, errangen am 18.8.1870 die Sachsen ihren größten Sieg im Deutsch-Französischen Krieg, der die Einschließung von Napoleons Armee bei Sedan ermöglicht hatte.

Beim Kostümverleih in der Hainstraße wurde mit viel Freude ausgewählt. Man entschied sich für diese Kollektionen: „Husarenoffizier“, „Bankier“ und „Diplomat“. Und am großen Tag kam es ganz so wie erhofft. Einer Gruppe von Frack- und Zylinderträgern schlossen sich unsere drei an und passierten problemlos den Einlass. Fast hautnah erlebten sie die Königliche Familie und die Denkmalsenthüllung durch den greisen Generalfeldmarschall Graf Moltke. Die Festansprache hielt Leipzigs Oberbürgermeister Dr. Georgi.

Das gewaltige Monument, das des Sieges über den „Erbfeind“ Frankreich im Krieg 1870/1871 gedachte, schuf Prof. Dr. Rudolf Siemering. Es war 12 Meter hoch, allein die „Germania“ maß 3,80 Meter. Die Reiterfiguren verkörperten Kronprinz Friedrich von Preußen, Kronprinz Albert von Sachsen, Fürst Bismarck und Graf Moltke. Sitzend war Kaiser Wilhelm I. dargestellt. Die Fahnenträger sollten die deutschen Stämme versinnbildlichen. Das Denkmal überstand den Zweiten Weltkrieg weitgehend unbeschadet. Meine Mutter sagte mir, dass ich als Vierjähriger begeistert durch die Pferdebeine gekrochen bin. Das muss im Frühjahr 1946 gewesen sein. Noch im gleichen Jahr hat man das Denkmal vernichtet. Keineswegs auf Betreiben der sowjetischen Stadtkommandantur und nicht, wie man meinen könnte, auf Forderung der KPD. Die SPD-Genossen waren es, die massiv das Abbruchsverlangen betrieben.

Die Tochter von Prof. Siemering bat eindringlich darum, doch wenigstens die Reiterfigur des Grafen Moltke zu verschonen, da sie die künstlerisch wertvollste sei. Umsonst. Das lehnte Stadtrat Beyer mit der Lüge ab, das dies den Forderungen der Besatzungsmacht widersprechen würde.

Otto Künnemann

China-Müller

„Nur auf ein Bierchen" war ich kürzlich mit meinem Freund Manfred auf dem Freisitz vor der Gaststätte „Apels Garten", als er plötzlich sagte: „Vor 80 Jahren hätten wir unser Bier drüben bei meinem Opa trinken können." Er wies mit der Hand über den Dorotheenplatz und setzte hinzu: „Bei China-Müller." China-Müller? – Das interessierte mich!

Und Manfred konnte mir auch wirklich Interessantes von seinem Opa erzählen. 14-jährig, im Jahr 1891, begann Arthur Müller eine Kellnerlehre im Hotel „Stadt Nürnberg" in der Bayrischen Straße. Im Anschluss daran ging er sofort ins Ausland und arbeitete in seinem Beruf in England und in der Schweiz, in Frankreich und in Ägypten. Heimgekehrt, hatte das Kaiserreich für den Sprachgewandten gleich eine passende Verwendung parat: Er wurde 1901 in das deutsche Militärkorps zur Niederschlagung des sogenannten Boxeraufstandes in China einberufen. Acht Nationen beteiligten sich an dieser Strafexpedition, sechs europäische, dazu Japan und die USA. Auslöser war die Ermordung des deutschen Diplomaten von Ketteler und die Belagerung des Pekinger Gesandtschaftsviertels durch den fremdenfeindlichen religiösen Geheimbund, der „Faust-(kämpfer) für Gerechtigkeit". Der Aufstand konnte 1902 niedergeschlagen werden.

Ausschnitt einer Feldpostkarte nach Deutschland, 31.10.1901.

Arthur „China"-Müller (1877–1935).

Im November 1902 heimgekehrt, seekrank zwar, doch glücklich, wurde Arthur Müller umgehend aktives Mitglied im Leipziger „China-und Afrikakrieger-Militärverein".

Der ganz große Krieger war er aber wohl eher nicht, denn seine Kameraden meinten, dass alle Chinesen, die er bekämpft hatte, noch wohlauf seien und völlig unversehrt. Das brachte ihm den Spitznamen „China-Müller" ein, den er auch bis zu seinem Lebensende behalten sollte.

Im zivilen Leben fand China-Müller sein Auskommen als Wirt des Dorotheengartens, Otto-Schill-Straße 12. Wie der „Prospect" aussagte, war es ein „Gut-Bürgerliches Lokal mit schattigem Vorgarten, mehreren behaglich-vornehmen Gasträumen sowie einem recht gediegenen Saal". In Letzterem tagte seit 1929 der „Internationale Genfer Verband", Ortsgruppe Leipzig, unter Leitung seines Ehrenvorsitzenden Arthur Müller.

Der Genfer Verband wurde im Jahre 1877 als Hilfs- und Unterstützungsverein des Personals im Hotel- und Gaststättengewerbe gegründet. Sein Motto lautete: „Freundschaft-Belehrung-Solidarität". Die Leipziger Ortsgruppe konstituierte sich 1879 im Hotel „Palmbaum", Gerberstraße Nr. 3, unter Vorsitz des Oberkellners Ronnefeld, der es später bis zum Generaldirektor des renommierten Hotels „Bellevue" in Dresden brachte.

Als Arthur-China-Müller den Ehrenvorsitz übernahm, waren im Verband in Leipzig neben vielen anderen Gastronomen auch die Chefs führender Leipziger Hotels wie z. B. „Fürstenhof" oder „Astoria" vertreten.

Etablissement Dorotheengarten am Dorotheenplatz, Foto 1930.

Die Mitglieder des Genfer Verbandes kamen zu dieser Zeit aus 14 bedeutenden Staaten, darunter waren auch Vertreter aus Brasilien und den USA.

Der Dorotheengarten ist im Dezember 1943 Opfer der Bomben geworden. Ein einsamer Kastanienbaum erinnert noch daran, wo sich sein Freisitz einst befand. Über das Schicksal des Genfer Verbandes konnte ich nichts ermitteln, auch Manfred wusste nichts darüber. Wir nehmen an, dass auch er Opfer des Krieges wurde.

Otto Künnemann

(Wild) Schweinische Perlen

Onkel Arthur war schon immer das Enfant terrible der Familie. Er war verheiratet, hatte keine Kinder, dafür aber viele Freundinnen. Er war nicht schön, aber sehr reich, was dann auch die vielen generell jüngeren Kurzzeitbegleiterinnen erklärte. Keine von ihnen ging nach einer Bekanntschaft mit meinem Onkel leer aus. Jedenfalls erzählte das die Familie hinter vorgehaltener Hand. Leider konnte ich ihn nicht kennenlernen, diesen umtriebigen Burschen, der immer zu einem Scherz aufgelegt war, je derber umso lieber.

Da muss ich zum Beispiel, wenn ich wieder einmal im Connewitzer Wildpark bin, an eine Begebenheit denken, die in der Familie oft und gern erzählt wurde. Und jedes Mal tut es mir leid, dass ich nicht dabei sein konnte, aber schließlich war damals noch gar nicht an mich zu denken.

Es war Mitte der 30er Jahre und Arthur stolzierte mit einer neuen Errungenschaft, die locker seine Tochter hätte sein können, durch eben diesen Wildpark. Die Gute, ich glaube, sie hieß Rosi, hing glückselig am Arm meines Onkels bis ... ja bis sie die kleinen süßen Frischlinge erspähte. Sie rannte zu dem Gatter, rief zuckersüße Worte zu den possierlichen Tierchen und wedelte dabei voller Inbrunst mit den Armen.

Das hätte sie lieber nicht tun sollen, denn das neueste Arthurpräsent, ein wertvolles Perlenarmband, löste sich vom Handgelenk und flog in hohem Bogen über den Zaun. Ein spitzer Aufschrei und eine in Tränen aufgelöste Rosi. Und Arthur – schüttete sich aus vor Lachen. Das Mädel zeterte, er solle doch etwas tun, über den Zaun klettern. Aber hier war für ihn das Ende allen ritterlichen Handelns erreicht.

Abgesehen von seinem nicht unbeträchtlichen Bauch, der dem Vorhaben entgegenwirken würde, war Arthur

Im Connewitzer Wildpark in alter Zeit, wo es anfangs nur Damwild gab. Ansichtskarte aus dem Jahr 1912.

klug genug um zu wissen, dass mit den beiden Bachen nicht gut Eicheln essen sein dürfte. Allerdings blieb er nicht ganz tatenlos. Er setzte für Umstehende eine nicht unbeträchtliche Belohnung aus. Das Ganze soll zu einem ziemlichen Spektakel ausgeartet sein, an dessen Ende aber die Schwarzkittel die Sieger waren – denn keiner traute sich zu ihnen ins Gehege. Vielleicht liegen die edlen Perlen noch heute dort, tief eingewühlt an schlammiger Stelle.

Aber zum Wildpark und seiner Geschichte. Begonnen hat alles 1904, als der Connewitzer Mühlenbesitzer Jacob dem Rat zu Leipzig vier Stück Damwild schenkte. Die armen Tiere standen nun aber leider in dem Überschwemmungsgebiet öfters bis zum Bauch im Wasser. Da erbarmte sich 1906 Revierförster Zacharias und legte auf den Heidaer Wiesen ein hochwassersicheres Gehege an. Rot- und Schwarzwild kamen hinzu. 1911 wurde ein Schutzhäuschen gebaut und 1922 auch ein Gasthaus.

Das Gehege im Wildpark, wo Rosi „Perlen vor die Säue" geworfen hat, auf einer Ansichtskarte aus dem Jahr 1937.

1940 zählte man stolze 200 Tiere, die nach dem Krieg allerdings restlos verschwunden waren. Hunger ist halt kein guter Tierfreund ...

1974 wurde das Gelände aus dem Dornröschenschlaf geweckt und konnte schon um 1980 auf folgende Tiere verweisen: Rot- und Schwarzwild, Elche, Muffelwild und Wisente, Haarraubwild sowie Greif- und Wasservögel. Und der Wildpark nahm an Attraktivität zu. Am Hakenteich entstand eine ausgezeichnete Wildgaststätte, ein Kinderspiel- und Kindersportplatz sowie eine Ponyreitbahn wurden eröffnet. Auch das russische Blockhaus, das als Teehäuschen fungierte, zog viele Besucher an. Das zierte übrigens zuvor den sowjetischen Pavillon auf der Alten Messe. Nachdem 1998 das große Luchsgehege hinzukam, zeigen sich heute 40 Tierarten den zahlreichen Besuchern. Auch aktuell wird es wieder eine Neuerung geben: ein Wolfsgehege wird eingeweiht – und alles weiterhin ohne Eintrittsgeld.

Martina Güldemann

Erschossen wie Robert Blum

Da bis'de erschossen wie Robert Blum!" Diesen Ausspruch habe ich als Kind oft gehört, vom Opa, vom Vater, auch von Schulkameraden. Heute gibt es ihn wohl nicht mehr. Er bedeutete so viel wie: „Da hast du gar keine Chance." Über Jahre nahm ich an, Robert Blum sei ein fiktiver Name, ähnlich dem: „Der gibt ja an wie Nobel Robert." Vom Vater erfuhr ich später, dass dieser Mann gelebt hat. Leider aber nicht sehr lange ...

Robert Blum wurde 1807 in Köln geboren, und er war ein vielseitiger Mann. Seit 1832 wirkte er in Leipzig, vorerst als Kassierer am Stadttheater. Er gab die Zeitschrift „Die elegante Welt" heraus und arbeitete an einem Theaterlexikon. Robert Blum konnte Schillers Wohnung in Gohlis zweifelsfrei ermitteln und wurde im Jahre 1842 Mitbegründer des hiesigen Schillervereins.

Robert Blum im Kreis seiner Familie. Aquarell aus dem Jahre 1846.

Im Jahr 1845 wurde er Stadtverordneter in Leipzig. Er publizierte Schriften gegen Kleinstaaterei und Fürstenwillkür und wurde zum populärsten linksliberalen Vertreter der Opposition in Sachsen. Sein Gedicht „An Germania“ belegt deutlich seine nationale Einstellung:

Völker siehst du auferstehen
in des Freiheitsdomes Wehen,
in der Zeiten hehrem Lauf;
erntend längst gestreute Saaten
treten sie im Feld der Taten
kühn schon als Nationen auf.

In die einzeln schwachen Glieder
gießt sie Kraft und Fülle wieder.
Einheit ist der Staaten Mark.
Dein Erob'rer stellt verwegen
dann sich lüstern uns entgegen;
werdet eins, dann sind wir stark.

Ach, der Hebel aller Staaten
die Erzeug'rin großer Taten
aller Völker Kraft und Macht
die allein nur Mut und Stärke
geben kann zum großen Werke
E i n h e i t ist dir ja versagt.

Deutsche, nützet diese Stunden
wenn sie erst hingeschwunden
sind sie ewig uns vorbei.
Lasst das große Völkerringen
etwas wenigstens uns bringen:
Werdet eins, dann sind wir frei!

Im Revolutionsjahr 1848 gehörte Blum der Frankfurter Nationalversammlung an. Diese delegierte ihn nach Wien als Leiter einer Solidaritätsabordnung für die dortigen Aufständischen. Der jugendliche Kaiser Franz Josef ließ den Aufstand in seiner Hauptstadt brutal niederschlagen. Unter den zahlreichen Verhafteten war auch Robert Blum, der sich vergeblich auf seine diplomatische Immunität berief. Er wurde von einem Militärgericht als Aufwiegler zum Tode verurteilt. Franz Josef lehnte das Gnadengesuch ab, das auch von Teilen der österreichischen Diplomatie unterstützt wurde und ließ den Vater von vier kleinen Kindern am Vorabend seines 42. Geburtstages hinrichten. Am 9. November 1848 ist Robert Blum in der Brigittenau bei Wien erschossen worden.

Dieser Mord löste eine gewaltige Empörung aus, ganz besonders in Leipzig. Auf dem Markt gab es eine große Protestkundgebung und in der Thomaskirche fand am 26. November eine Gedenk- und Totenfeier statt. 100 Jahre nach seinem Tod besuchte eine Leipziger Rats-

Sonderstempel 1948.

delegation seine Grabstätte. Die Herren entnahmen dort etwas Erde und brachten sie mit nach Leipzig. Sie wurde an Blums früherer Wirkungsstätte im Alten Rathaus eingebracht. Der Tafeltext erinnert an den Vorkämpfer eines geeinten demokratischen Deutschlands. Auch die Erde, seinem Grab entnommen, wird erwähnt.
Ich bin bei Stadtführungen oft überrascht, wie wenige Leipziger davon wissen und wie unbekannt die Tafel ist. Diese kleine Geschichte möchte somit dem Vergessen entgegenwirken.

Otto Künnemann

Die Gedenktafel an der Marktseite des Alten Rathauses. Den hübschen Rahmen bilden zwei Hostessen eines Rathausempfanges. Gern kamen sie meinem Wunsch nach, das Bild zu schmücken.

Leipziger Originale: Georg B. & Edwin B.

Am Alten Rathaus, aber an der Seite des Naschmarktes, befindet sich eine weitere Tafel. Etwas unscheinbar und leicht zu übersehen. Kaum jemand nimmt sie wahr.

Für mich ist sie aber stets ein Anlaufpunkt bei Stadtrundgängen. Sie gedenkt zweier Männer, Leipziger Mundartdichter, die zwar längst nicht den Bekanntheitsgrad einer Lene Voigt erreichen, die aber auch nicht ganz „ohne" sind: Edwin Bormann (1851–1912) und Georg Bötticher (1849–1918). Ich möchte sie kurz vorstellen:

Georg Bötticher hatte in Paris gewerbliche Kunst studiert. Er war schriftstellerisch für die „Fliegenden Blätter" tätig, befasste sich mit Märchen- und Kinderbüchern und – seine Spezialität – mit Humoresken und Schnurren im Sächsisch-Leipziger Dialekt.

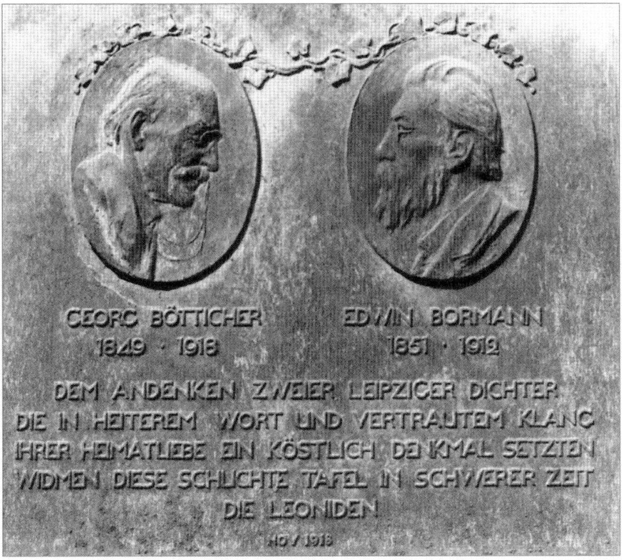

Die Gedenktafel der humorvollen Gesellschaft „Die Leoniden".

Ab 1900 war er Herausgeber des weit verbreiteten und beliebten „Auerbachs Kinderkalender". Bekannter als er ist unter dem Pseudonym Joachim Ringelnatz sein Sohn Hans geworden. In dessen etwas schrulligem Humor ist unschwer väterliches Erbe zu erkennen. Nach Georgs Tod im Jahr 1918 wurde er, gemeinsam mit Freund Edwin Bormann, im November 1918 mit der gusseisernen Tafel am Alten Rathaus geehrt.
Eine kleine Kostprobe aus Georg Böttichers Schaffen:

's Monnement offn Geenigsblatz

Ä Denkmal, ä recht hibsches hat's
seit längrem off'n Geenigsblatz.
Off ä großen recht hohen Steen
steht ä Gerlch'n – ziemlich gleen.
Der soll sinn von d'n Bodendaden;
Ä Geenich isser ganz sicherlich –
dafier bloss ä biss'l dinne geraden!
Was for eener – das weeß m'r nich.
Ärchend ä August hamm'se erricht',
awer bloß welchen? – Das hat
bis heide noch geener rausgegrichd.

Anmerkung:
Die Inschrift des von Adam Fr. Oeser erstellten und 1780 enthüllte Denkmals für Kurfürst Friedrich August III., ab 1806 König Friedrich August I. von Sachsen, ist in Latein. Heute steht es im Garten des Gohliser Schlößchens.

Im Gegensatz zu dem im thüringischen Jena geborenen Bötticher war Edwin Bormann Ur-Leipziger. Über Jahrzehnte hat er im Ranstädter Steinweg gewohnt, in der heutigen Jahnallee 26.

Bormann hatte am Dresdner Polytechnikum und an der Universität Bonn Geschichte und Naturwissenschaften studiert und war in Leipzig ab 1877 als Privatgelehrter tätig. Bekannt wurde er als Shakespeareforscher.

Ab 1871 widmete er sich der Dichtkunst. Mit seinen Prosawerken in sächsischer Mundart, das populärste wurde „Mei Leipzig low' ich mir", hatte er Erfolg, mehr aber noch durch seine kleinen mundartlichen Gedichte. Gesammelt sind sie in den beiden Bändchen „Leipziger

Lerchen“ (1893) und „Leipziger Allerlei“ (1891). Aus Letzterem eine Kostprobe:

De Leibz'scher Farben

Ich bin ä Leibz'scher – gennt ihr meine Farben?
Wenn nich, so mergts von nun an eich genau:
Die dieses stolze Ehrenamt erwarben,
die beeden Farben schreim sich g e l b und b l a u !
Seh ich se ärchendwo beisammen,
gleich steht mei Herz in Flammen.
Un begeistert jauchz'ich iwwern Erdball hin:
Ich bin ä Leibz'scher – will nur ä Leibz'scher sin!

Ihr fiehlt es ahnungsvoll wohl schon, das Gelwe –
das is der N e i d, der mehr wie dausendmal
dagdäglich von der Spree wie von der Elwe
heriewerschield in's edle Pleißendahl.
Den selwchen beeden Orden
is länkst schon glar geworden,
Es liegt was Iwwerwält'chendes dadrin:
Ich bin ä Leibz'scher – will nur ä Leibz'scher sin!

Hinwiederum de hold Bleie,
das isses wohlgelungne Spiegelbild
von jener angestammten Leibz'scher T r e i e,
die unsres Busens Reimlichgeit so ganz erfillt.
Ob Fels, ob Eiche spliddern,
mir werd gee Härch'n ziddern;
Un gängs bis and'n Hals dorch dick un dinn –
Ich bin ä Leibz'scher – will nur ä Leibz'scher sin!

Ja, geeme Rothschild iwwer Keln un Brissel
un spräch for mich mit än Sirenendon:
Hier sin de feierfesten Schränkchenschlissel,
zieh nach Baris, lass mich in Leibzig wohn' –
Ee Blick off eich, ihr Farben
un seine Winsche starben
in diesem heechsten d'r Gefiehle hin:
Ich bin ä Leibz'scher – will nur ä Leibz'scher sin!

Otto Künnemann

Kuriose Gastronomie

Steckt 'mr ohm 'ne Bockwurscht nein, kommt unten 'ne Mark raus", witzelten die Leipziger Anfang des 20. Jahrhunderts über die neuen gastronomischen Einrichtungen ihrer Messestadt. Gemeint waren die Automatenrestaurants, von denen es 1910 bereits zehn Stück gab. Das Größte befand sich in der Petersstraße Nr. 37 im Haus „Goldener Hirsch". Auch Hainstraße 26 und Katharinenstraße 25 waren stadtbekannt.

Das Geschäftsprinzip war ganz einfach: Man warf eine Münze ein und konnte dann einem Klappfach die Begehrlichkeit entnehmen. Kuchen, Getränke aller Art, Süßigkeiten, selbst heiße Speisen. Dienstbare Geister, unsichtbar hinter den chromblitzenden Klappenwänden mit Fleiß wirkend, sorgten für ständigen Nachschub.

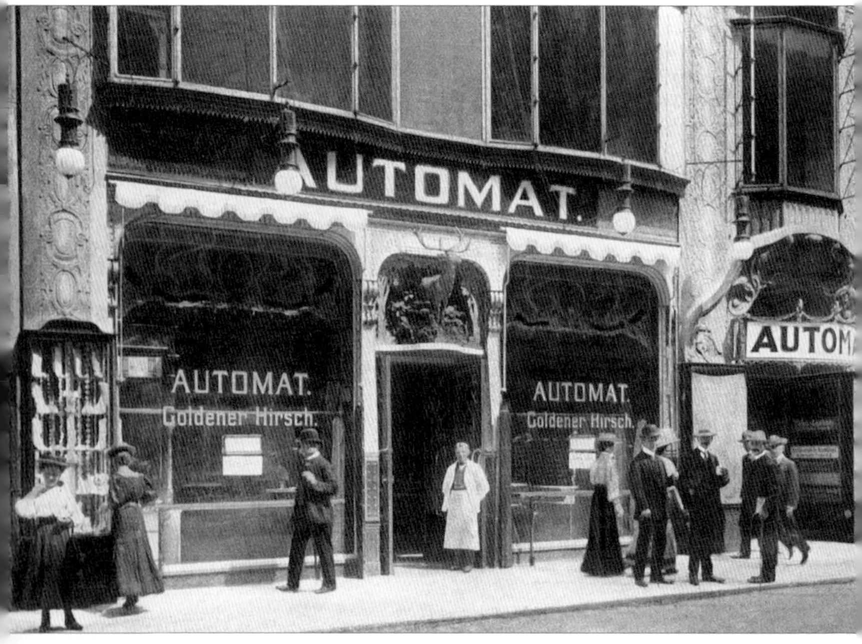

Der „Automat" in der Petersstraße, Ansichtskarte von 1913.

Der „Pavillon“ in den Anlagen hinter dem Bildermuseum, 1934.

Ruth Doberrentz, ihren Erinnerungen verdanken wir mehrere kleine Geschichten unserer Reihe, hat als Kind in den 30er Jahren diese Restaurants noch erlebt.

Oft wurde der Automat Ecke Grimmaische Straße und Neumarkt besucht. Wenn sie mit der Oma in der Stadt war, durfte sie sich dort immer etwas aussuchen. Ein halbes Brötchen mit Ei und Gurke war ihr Favorit. Oh, welcher Hochgenuss! Natürlich – das konnte man auch zu Hause haben, doch da hätte es nicht halb so gut geschmeckt ... Aber auch als Ruth älter wurde und anstatt mit der Großmutter lieber mit einer Freundin in die Stadt ging, zogen sie die Automatenrestaurants magisch an.

Hier war es preiswert, hier war immer Betrieb, hier war's gemütlich. Bis auf einmal. Da hatten doch zwei Jungen, etwa 12 Jahre alt, zu oft die Fensterchen geöffnet, hinter denen der Wein stand. Mutig, ja beinahe todesmutig wollten sie nun von Tisch zu Tisch springen. Und sie taten's auch. Gläser fielen zu Boden, Teller gingen zu Bruch, Frauen kreischten. Jetzt endlich griffen einige Gäste beherzt ein, und schon wenig später landeten die flotten Springer in kräftigen Polizistenarmen.

Luftbild des Augustusplatzes, Ansichtskarte von 1931.

Weit sanfter ging es da in einer anderen gastronomischen Besonderheit zu. Im „Pavillon“ hinter dem Bildermuseum, der berühmt für seinen Tanztee war. Manche ältere Dame bekommt noch heute leuchtende Augen, wenn sie an dieses Lokal denkt. Unschlagbarer Höhepunkt war dort eine sich langsam drehende Glastanzfläche, von unten beleuchtet. Also, das hatte schon beinahe etwas Verruchtes!

Und das dritte Außergewöhnliche war das „Bellevue“, das Café auf dem Dach des 13-geschossigen Europahauses. Ein 47 Meter über dem Straßenniveau liegendes Café – das war einmalig in Europa. Unter der Chlorodontreklame hindurch hatte man bei einer Melange und einem Stück Sacher einen herrlichen Blick auf das bunte Treiben auf dem Augustusplatz und über große Teile der Stadt Leipzig hinweg.

Martina Güldemann

Der stille Schwarm

Mutter hat mir gern und viel aus ihrer Jugendzeit erzählt, in einem Punkt aber war sie sehr zurückhaltend. Das betraf ihre Bekanntschaften mit anderen Männern, bevor es in ihrem Leben nur noch meinen Vater gab. Und da weiß ich lediglich von einer einzigen kleinen „Liaison“, das wohl auch nur, weil sie sicher völlig harmlos war.

An einem Abend Mitte der 50er Jahre steckte ich in der Stube meine Briefmarken um. Das ergab ein ganz neues Bild und machte Freude. Meine Favoriten waren die Marken mit den Leipzigmotiven und die kamen natürlich auf die erste Albumseite. Die schönsten waren die mit den historischen Handelsszenen. Sie gab es zu jeder Messe, immer zwei verschiedene, allerdings nur in den Jahren von 1947 bis 1950. Schade, dass man diese Serie bald aufgegeben hat. Im Vorbeigehen sagte Mutter, auf diese Marken weisend: „Der die entworfen hat, den kenn ich!“ Das wollte ich natürlich genauer wissen. Ihre beste Freundin hielt sich für künstlerisch begabt und nahm in den 30er Jahren Unterricht an der Städtischen Kunstgewerbeschule in der Gottschedstraße 6.

Meine Mutter begleitete sie manchmal ohne kunstsinnige Ambitionen. Alle Schüler hatten weiße Mäntel. Auch Mutter bekam einen und war ein bißchen stolz. Die bekannteste Lehrkraft war der Maler und Illustrator Max Schwimmer.

Gruner-Marke von 1947.

Erich Gruner (1881–1966), Foto 1935.

Mutters stiller Schwarm wurde ein anderer Lehrer, der spätere Direktor der Schule, Erich Gruner. Mehrfach konnte sie sich mit ihm unterhalten, wobei ihr Herz ein wenig schneller schlug. Der Höhepunkt ihrer „Beziehung“ war eine Einladung nach dem Unterricht in „Bodensteins Weinstuben“, gleich um die Ecke, in der Schulstraße.

Erich Gruner, Maler, Grafiker, Kunstgewerbler und Lehrer war ein ungemein vielseitiger und talentierter Mann. Er hat Ausstellungen gestaltet und Bücher illustriert, war Mitbegründer der Kunstgewerbeschule und – er hat unser weltberühmtes Messesymbol entworfen, das Doppel-M! Ab 1947 gestaltete er also auch Briefmarken. Die von 1947 bis 1950 verausgabten 14 Stück besitze ich noch heute. Abgesehen davon, dass sie hübsch sind, bedeuten sie mir doch auch eine Erinnerung an die Mutter und ihren „stillen Schwarm“ Erich Gruner.

Otto Künnemann

Persianer-Parkplatz

Kürzlich traf ich einen früheren Kollegen in der Stadt, und zwar im Brühl. Er sagte mir, dass er gerade sein Auto abgestellt habe, zentral und preiswert, Ecke Brühl und Ritterstraße. „Ein idealer Parkplatz", meinte er. Nun, ich sehe das etwas anders. Dieses Areal ist in meiner „Hitliste der zehn größten Schandflecke der Innenstadt" enthalten. Auf diesem historischen Gelände findet man heute Wildwuchs und Müll und Abbruchmauern der angrenzenden Gebäude. Sie hatte man 1949 vorerst nach Beräumung von Bombenruinen in zeitgemäßer Armut belassen müssen. Und so sind sie bis heute erhalten! Damit verblieb uns eine direkte optische Kriegserinnerung, auch nach sechs Jahrzehnten! Unter Nostalgie verstehe ich etwas anderes.

Ein Großbetrieb war hier Bombenopfer geworden, ach was, eine Weltfirma, das Pelzhaus Thorer. Theodor Thorer (1828–1894) hatte 1864 die Firma gegründet. Sie entwickelte sich zu einem globalen Unternehmen, mit Vertretungen u.a. in Wien, Paris, London und in den USA. Theodors Nachfolger, sein Sohn Paul (1858–1920), intensivierte vor allem das Russengeschäft. Er sprach perfekt russisch und kaufte Rohfelle vor Ort ein, von Nishni Nowgorod bis Turkestan und Usbekistan. Thorers wurden weltweit führend in Persianern.

Leipzig war bis zum Zweiten Weltkrieg das internationale Zentrum der Pelzbranche. Hier gab es die größten Pelzauktionen, hier befanden sich die „Deutsche Kürschnerschule" und das „Deutsche Pelzmuseum", hier fand die IPA statt, der Welt größte Pelzschau. Und hier, speziell auch im Haus Thorer, traf sich die gesamte Fachwelt. Daran muss ich manchmal denken, wenn ich an dem lächerlichen Parkplatz vorbeigehe.

Otto Künnemann

Blick in den Brühl um 1930 von der Goethestraße aus gesehen. Links, Brühl Nr. 70/Ecke Ritterstraße die Pelzfirma Thorer, mit Lager- und Büro-, mit Schau- und Konferenzräumen. „Das was stinkt“, Zurichterei und Färberei, befanden sich in der Angerstraße. Die Straßenbrücke verband die beiden Teile der Stadtwerke, eingangs des Brühls. Der Mitteleinstiegtriebwagen der Linie 4 befindet sich auf der Fahrt von Engelsdorf nach Großzschocher.

Kommt ein Messeonkel geflogen

Ja, ich gebe es zu, ich habe mächtig in der Schule damit angegeben. Ich habe nahezu damit geprahlt, dass unser Messegast mit dem Flugzeug in Leipzig ankommt. Messeonkels hatten ja alle irgendwie zu Hause, aber einen fliegenden Messeonkel – mal ehrlich, da musste man doch einfach die Nase ein bisschen höher tragen.

Erschwerend kam hinzu, dass er aus den Niederlanden stammte, sozusagen ein „fliegender Holländer". Zweimal im Jahr gehörte dieser unglaublich sympathische Mensch (und das nicht nur, weil wir danach über eine gewisse Summe Gulden verfügten) einfach mit zur Familie. Mit einem fröhlichen „Chuten Abend" stand er nach getaner Messearbeit im Wohnzimmer und aß mit uns zu Abend. Jahr für Jahr sah man ihn dann eine Schnitte mit Teewurst essen und eine mit Käse. Dazu ein Glas Bier. Nie etwas anderes. Er war sehr interessiert an unserem Leben und fragte auch meinen Bruder und mich viele Dinge. Am meisten redete er natürlich mit meinen Eltern, abends, wenn wir schon im Bett waren. Und dazu leerten sie eine Flasche Weißwein mit Namen „Natalie". Nie etwas anderes. Und das hatte einen ganz besonderen Grund: Unser fliegender Holländer war nämlich seit vielen Jahren mit einer Russin gleichen Namens verheiratet.

Als ich 1963 in die Schule kam, wurde der Messeflugverkehr erstmals in Schkeuditz abgewickelt. Vorher spielte sich das Ganze in Mockau ab. Dort war exakt 50 Jahre zuvor auf einem von der Stadt Leipzig zur Verfügung gestellten 212 Hektar großen Gelände der Flughafen und der Luftschiffhafen eröffnet worden.

Am 22. Juni 1913 landeten in Anwesenheit des „Geenichs", Seiner Majestät Friedrich August III. die Luftschiffe „Hansa" und „Sachsen" in Mockau.

Die „Sachsen" steuerte kein Geringerer als Graf Zeppelin selbst ins Ziel. Bereits im März desselben Jahres hatte

Festpostkarte zur Eröffnung des Mockauer Flughafens, Juni 1913.

sich die LEFAG, die Leipziger Luftschiffhafen und Flugplatz AG, gegründet. Nun konnte man dem staunenden Publikum und den zahlreichen Pressevertretern die größte Luftschiffhalle der Welt präsentieren. Zwei der grauen Riesen der Lüfte fanden darin Platz. Aber auch die 20 „Aeroplane" fassende Flugzeughalle erregte größte Bewunderung und galt als unglaublich fortschrittlich. Am 11. Mai 1914 wurde von hier aus der Postflugverkehr mit Dresden aufgenommen. An der wunderbaren Luftschiffhalle hatte man nicht allzu lange Freude. Im harten Kriegswinter 1916/1917, der auch als „Kohlrübenwinter" in die Geschichte einging, brachten am 8. Februar die Schneelast und ein schwerer Sturm die Halle zum Einsturz.

Ab 1922 wurde der Flughafen ausgebaut. Eine Fliegerschule und sogar ein Flughafenhotel gab es. Und Reichspräsident Ebert erklärte im April 1923 Mockau schlicht zum „Weltflughafen". Mit der Eröffnung des Flughafens Schkeuditz im Jahr 1926 durch die Lufthansa AG verlor jedoch Mockau mehr und mehr an Bedeutung und blieb bald Sportfliegern und Flugschauen vorbehalten.

Noch ist Mockau unangefochten Messeflughafen, Foto von 1957.

Nach dem Krieg, genau 1951, nahm man an traditionsreicher Stätte für 12 Jahre die Messeflüge wieder auf. Sechs Linien des Inlandflugverkehrs kamen noch hinzu. Aber letztendlich machte Schkeuditz zum zweiten Mal das Rennen – die große Zeit für Mockau ging 1963 zu Ende. Was blieb, war ein Sport- und Agrarflugplatz. Einen tollen Höhepunkt gab es aber noch, nämlich die VIII. Weltmeisterschaften im Fallschirmspringen im Sommer 1966. Die Organisation war perfekt und das Publikumsinteresse riesig.

1990 war dann mit der Fliegerei in Mockau endgültig Schluss. Und ein Jahr später wurde dort mit dem Bau des Quelle-Versandzentrums begonnen. Auf einer Fläche von 72 Hektar, das sind mehr als 140 Fußballfelder (!) entstand das größte und modernste Versandzentrum der Welt. Und da kann man doch fast schon wieder angeben ...

Martina Güldemann

Kein kühner Springer

Wenn ich heute durch die Friedrich-Ebert-Straße gehe und die traurigen Reste unseres ehemaligen Schwimmstadions sehe, dann ist das für mich schon etwas schmerzlich. Ich weiß nicht, ob der Abriss wirklich sein musste. Na ja, Freiluft-Schwimmsport ist vielleicht auch nicht mehr zeitgemäß. Trotzdem tut es mir persönlich leid. Befand ich mich doch dort zum ersten und einzigen Male auf einem Zehn-Meter-Sprungturm!

Im Erdgeschoss unseres Hauses im Leipziger Osten, in der Martinstraße, wohnten Schwetzkis, ein kinderloses Ehepaar. Schwetzki hießen sie nicht wirklich, aber ihr richtiger Name war durch mehrere „cz“ zu kompliziert. „Alter polnischer Adel“, sagte Vater schmunzelnd.

Das Schwimmstadion, Foto von 1954. Hinter dem Sprungturm ist die gewaltige Baugrube für das Zentralstadion zu erkennen.

Zu Frau Schwetzki gleich mehr, doch vorerst zu ihrem Gemahl. Er war im Schwimmstadion angestellt, offiziell als Betriebshandwerker, aber eigentlich war er „Mädchen für alles“. Sehr beneidet habe ich ihn, als er mir sagte, dass er nach den Veranstaltungen viel auf den Traversen findet. Natürlich musste alles abgegeben werden, Kleingeld aber, also Münzen, waren davon ausgenommen.

Nach gut einjähriger Bauzeit war das Schwimmstadion am 24. Mai 1952 eingeweiht worden. Ich bin 1954 im Alter von 12 Jahren erstmals als Zuschauer dort gewesen und war begeistert. Vor allem die Sprungwettkämpfe hatten es mir angetan. Jungen, nur wenige Jahre älter als ich, und sogar einige Mädchen stürzten sich da von ganz oben in die Tiefe. So riskant schien das also überhaupt nicht zu sein. Ich hatte Herrn Schwetzki gefragt, ob ich ihn einmal abholen dürfte, und an einem Samstag nach der Schule war es wirklich so weit. Nicht allzu viel ist mir in Erinnerung geblieben. Aber unvergesslich war der Blick hinüber zum entstehenden, heiß ersehnten Leipziger Riesenstadion, das sich voller Akzeptanz durch die Bevölkerung und begeisterter Hilfe erfreuen konnte.

Der Höhepunkt dieses Samstages war dann für mich die Turmbesteigung in Badehose und voller Tatendrang. Einen Sprung von ganz oben könne er keinesfalls zulassen, hatte mir Herr Schwetzki schon gesagt. Wie dankbar war ich ihm jetzt dafür. Denn als ich da oben stand, war ich ergriffen. Eine solche Höhe – das hätte ich nicht geglaubt. Nur bis zum Ende des Turmgeländers bin ich nach vorn gegangen und schnell wieder zurück. Keinesfalls hätte ich den Mut aufgebracht, in die Tiefe zu springen. Jahre später las ich das Gedicht „Das Sprungbrett“ des Münchners Eugen Roth, das wunderschön zu meiner Situation passte. Davon ein Auszug:

... denn man denkt er liefe
nun vor und spränge in die Tiefe,
mit Doppelsalto und dergleichen
der Menge Beifall zu erheischen ...
Ergriffen schweigt das Publikum.
Doch er – dreht sich gelassen um
und steigt, man kann sagen heiter
und voll befriedigt von der Leiter ...

Übrigens: Gesprungen bin ich dann doch noch, aber vom Drei-Meter-Türmchen. Wenn ich heute zufällig einmal in einer Sportsendung Wasserspringen sehe, habe ich noch immer Hochachtung vor dem Mut der Akteure, wenn es von ganz oben, vom Zehn-Meter-Brett, hinuntergeht.

Otto Künnemann

Da ist einer in der Luft! Gar keine Frage: Eine ganze Portion Mut und exakte Körperbeherrschung gehören schon zu solch einem Sprung. Nein, das ist nichts für mich gewesen ...

Aufnahme aus der Matthäikirche, Innenansicht um 1910.

Schwanengesang
(in memoriam St. Matthäi)

Die Ehefrau von Herrn Schwetzki war eine Frohnatur. Für jeden hatte sie ein nettes Wort parat, und sie war sehr sangesfreudig. Beim Wäscheaufhängen im Hof, beim Hausflurwischen, selbst im Keller – ein kleines Liedchen war zumeist mit dabei. „Sie dun awwer scheen sing', Frau Schwetzki", sagte ich ihr einmal. „Na ja, ich hab's auch gelernt und viele Jahre im Kirchenchor den Sopran gesungen." Ich wusste zwar nicht, wer dieser Sopran war, es interessierte mich auch nicht sonderlich, aber was sie dann hinzusetzte, das schon: „In Leipzigs schönster Kirche, die es nun leider nicht mehr gibt." Nikolai-, Thomas- und Paulinerkirche kannte ich, die konnten's also nicht sein. Ja, welche meinte sie dann? – Die Matthäikirche.

Die Matthäikirche von der Promenade, dem heutigen Goerdelerring aus gesehen, Foto 1928. An den Stufen der Treppe zum Matthäikirchhof hatte vorübergehend das unvollendete Postament des geplanten, von Max Klinger entworfenen und nie ausgeführten Richard-Wagner-Denkmals Aufstellung gefunden. Es soll jetzt an geplanter Stelle wieder errichtet werden.

Über Schönheit kann man nicht streiten. Für Frau Schwetzki jedenfalls war es Leipzigs schönstes Gotteshaus, wenn es sich auch mit der stadtgeschichtlichen Bedeutung der drei zuvor genannten nicht messen konnte. Ein interessantes Bauwerk mit einer recht wechselvollen Geschichte war die Matthäikirche aber schon. Das Einzige, was heute noch an sie erinnert, ist der zusammengefügte Name St.-Thomas-/St.-Matthäi-Gemeinde.

Ich möchte gern an die fast vergessene Kirche erinnern. Um das Jahr 1240 kamen Barfüßermönche, die Franziskaner, nach Leipzig. Sie durften sich auf schon damals historischem Boden ansiedeln, nämlich im Bereich des ehemaligen Burggeländes. Im Jahre 1015 war sie erstmals erwähnt worden, die „urbs libzi", die Burg Leipzig. 1501 weihten die Mönche ihr Gotteshaus, eine kleine einschiffige Hallenkirche – selbstverständlich noch katholisch. Aber allzu viel Freude sollten die Franziskaner an ihrer Klosterkirche nicht mehr haben. 1539, mit der Einführung des Protestantismus als Staatsreligion im Herzogtum Sachsen, erfolgte die Säkularisierung. Der Rat der Stadt kaufte alsbald dem Landesherrn, Herzog Moritz, die Kirche ab und nutzte sie ganz profan als städtischen Lagerschuppen. An Kaufleute wurden so Lagerflächen vermietet. 1698 erbarmte man sich des verfallenen Gotteshauses. In zweijähriger Arbeit entstand die Kirche beinahe neu. Und als solche, als „Neukirche", wurde sie im September 1699 geweiht. Einen Turm bekam sie allerdings erst 1703.

Zu dieser Zeit trat ein Großer der Musik in der Neukirche sein Amt als Organist an: Georg Philipp Telemann. Er machte das Gotteshaus zu einem Zentrum der Kirchenmusik, dessen Ruf weit über Leipzigs Grenzen hinaus reichte. In der Franzosenzeit wurde die Neukirche zum Militärgefängnis und in der Völkerschlacht zum Lazarett.

Nach umfassender Renovierung konnte sie ab Sommer 1817 wieder gottesdienstlich genutzt werden. 1879/1880 erfolgte ein Umbau im neogotischen Stil. Ein interessanter Architekt, Baurat Oscar Mothes (1828–1903), nahm den Umbau vor. Auch einige schöne Villen gestaltete er in Leipzig. 1867 hatte Mothes den Verein für Geschichte der Stadt Leipzig gegründet. Nach ihrer Fertigstellung wurde die Kirche dem Evangelisten Matthäus neu geweiht, deshalb Matthäikirche.

Wie so viele Gebäude der Innenstadt fiel leider auch sie dem verheerenden Bombenangriff am 4. Dezember 1943 zum Opfer. Einige Jahre stand noch die Ruine am Matthäikirchhof. Dort fand am 1. August 1948 ein letzter Gottesdienst statt. Wenig später hat man sie abgebrochen.

Gut, dass Frau Schwetzki nicht mehr erleben musste, was man dort, wo ihre Kirche einst stand, zu DDR-Zeiten hingestellt hat, nämlich den Neubau, den Anbau zur „Runden Ecke“, zur Leipziger Stasi-Zentrale.

Otto Künnemann

Die Ruine, Foto 1948.

Turt'l-Allee Nr. 57

„Ach ja – es is'n Künnemann." Nicht ohne Verblüffung hörte ich diese Worte bei einer meiner Vortragsveranstaltungen. Ausgesprochen hatte sie eine mich freundlich anlächelnde alte Dame.

„Ich hab doch Ihren Onkel gut gekannt, Künnemanns Karl, wir haben ja im gleichen Haus gewohnt." Dieses Haus war der Täubchenweg Nr. 57. Und der war mir auch noch durchaus in Erinnerung, wenn auch in nicht sonderlich guter. Onkel Karl hatte ein Friseurgeschäft in diesem Haus, seinen „Herrensalon". Und wenn Mutter befand, ich „sei dran", musste ich schweren Herzens zu Onkel Karl.

Von der Zweinaundorfer Straße kommend, wurde ich immer langsamer. Mal noch an die Ecke zur Beuchaer geschaut, zu Althammers Zoogeschäft. Dort konnte man den Laden betreten auch ohne etwas zu kaufen, Vögel und Fische, Hamster und Eidechsen anschauen, selbst ein Kind durfte das. Dann betrachtete ich ausgiebig die kleine Plastik des Täubchens, rechts, eingangs ihres Weges und studierte im Anschluss die Namen der im Ersten Weltkrieg gefallenen Straßenbahner. Das Ehrenmal befand sich eingangs des Straßenbahnhofs am Täubchenweg und gedachte der 44 Betriebsangehörigen, die 1918 nicht wieder nach Hause kamen. Der Reudnitzer Straßenbahnhof war der erste Betriebshof der LPE, der Leipziger Pferdeeisenbahn, eröffnet 1872. Heute erinnert nichts mehr an ihn, aber das Kriegergedenken gibt es noch. Ich überschritt die Feldstraße, die als „Feldpiepe" gar keinen guten Ruf im Leipziger Osten hatte und war nun leider schon am Ziel.

Onkel Karl klappte den Sitz des Stuhles herum (jedem Kunden eine kühle Sitzfläche), und los ging die Tortour.

Täubchenweg Nr. 57, hier mit Bäckerladen, dem späteren Herrenfriseurgeschäft. Das Foto entstand vor 1920. Das (x) bezeichnet die Wohnung der Familie Brandt.

Die Handschneidemaschine entstammte Vorkriegszeiten und war sicher einmal scharf und auf neuestem Stand der Technik gewesen. Doch das war schon lange her.

Jetzt hatte ich das Monstrum über mich ergehen zu lassen. Es ziepte, riss und zerrte. Mit zusammengebissenen Zähnen überstand ich es, geschoren zu werden. Onkel Karl verfügte auch über eine hochmoderne elektrische Maschine. Doch die kam nur für Erwachsene zum Einsatz. Zur Belohnung, dass ich alles ohne Tränen überstanden hatte, gab's nach dem Verschneiden einige Tropfen Birkenhaarwasser aus dem Porzellangefäß mit der Aufschrift „Septisch". Gegenüber stand ein zweites: „Antiseptisch".

Aus diesem wurde ich zu meinem Kummer nie bedient, denn ich mutmaßte, dass dort ein noch weit prächtigeres Duftwasser enthalten sein müsste.

Elfriede, die mich bei meinem Vortrag so nett begrüßte, konnte mir erzählen, dass Onkel Karls Friseurgeschäft ursprünglich ein Bäckerladen war. Dass sich in ihrer Kindheit die „Toilette“, ein Trockenklo fürs ganze Haus, auf dem Hof befand und dass für sie als Kinder bei der Pumpe vor dem Haus ein beliebter Spielort war. Besonders dann, wenn dort die Fuhrleute der nahe gelegenen Riebeckbrauerei ihre kräftigen Pferde tränkten. Diese Pferde waren im alten Leipzig ein Begriff. Beim Anblick einer korpulenten Dame sagte man in meiner Kindheit gern: „Die hat'n A... wie ä Riebeckgaul.“ Und eine Pumpe war für uns Kinder „de Blumbe“. Als ich, siebenjährig, so einigermaßen lesen konnte, sah ich doch einmal gedruckt das Wort Pumpe. Sind die dumm, dachte ich – die haben bei Plumpe das „l“ vergessen!

Ach ja, das möchte ich zum Täubchenweg gern noch erwähnen. Bei einer Buchvorstellung, es ging um Verkehrsgeschichte, erzählte mir eine Dame, wie sie als junges Mädchen Zeugin folgenden kleinen Vorfalles wurde. Am Hauptbahnhof stieg ein Herr in die Straßenbahn in Richtung Osten und bat den Schaffner, ihm doch Bescheid zu sagen, wenn der Täubchenweg erreicht sei. „Nu freilich, mei Gudsder, mir rufen de Haltestell'n doch aus.“ Das Mädel hatte nicht weiter Obacht gegeben, und als man schon in Stötteritz war, erkundigte sich der Herr, ob denn der Täubchenweg nicht endlich erreicht sei. Darauf der Schaffner: „Nu heern'se, mei Herre, da simmer längst vorbei. Ich hab doch laut un deitlich ‚Turt'l-Allee‘ ausgerufen!“

Otto Künnemann

Allweg „Gut Heil“

Nur wenige Schritte von der „Turt’l-Allee“ 57 entfernt befindet sich die Heinrichstraße. Durch sie führte mich „frisch geschoren“ mein Heimweg. Das war zwar der etwas weitere, doch den „Umboochn“ nahm ich gern in Kauf. Da kam ich am Kino Regina vorbei, und die Filmplakate waren immer interessant. Zuvor aber konnte ich mir in der Heinrichstraße 30 die eigenwillig-attraktive Turnhalle ansehen, die mir sehr gut gefiel.

Der bereits 1849 gegründete „Allgemeine Turnverein Leipzig-Reudnitz“ (kurz der „L.R.“) hatte sich 1888/1889 eine neue Heimstätte errichten lassen. Ich beneidete die Jungen, die jetzt durch die Halle tobten. Wenn ich da an unsere mickrige Turnhalle auf dem Schulhof dachte ...

Vom „L.R.“ versandte Ansichtskarte aus dem Jahr 1913.

Elfriede Brandt (vorn, mit Turnerfahne) führt die L.R.-Mädchenriege zum „Leipziger Gausportfest 1935" zum Messegelände.

So war auch sofort mein Interesse geweckt, als mir Elfriede Brandt erzählte, dass sie mit dieser Halle und mit dem Verein sehr verbunden war. Sie war Gast bei den Turnern und hatte sich selbst der Leichtathletik verschrieben. Die kurzen Sprintstrecken waren ihr Metier. 1936, als 15-Jährige, brachte sie es zu einer Leipziger Stadtmeisterin in ihrer Altersklasse. Und eine Urkunde belegt, dass sie noch im Jahre 1984 am „50-jährigen Riegenturnen" der Riege „Felsenfest" teilgenommen hatte.

Als der „Turnvater" Friedrich Ludwig Jahn (1778–1852) die Körperertüchtigung junger Männer zu Beginn des 19. Jahrhunderts ins Leben rief, trafen seine Ideen auf fruchtbaren Boden. Vereine bildeten sich in den deutschen Ländern, die neben dem Sport auch immer ein nationales Gefühl, ein Streben nach einem geeinten deutschen Vaterland auszeichnete. Von den konservativen Regimen, so in Preußen, wurde vielfach das Turnen verboten und die Turner verfolgt. Friedrich Ludwig Jahn verbrachte sechs Jahre als „Demagoge" im Gefängnis.

Die Turnfestansichtskarte von 1913, links Dr. Ferdinand Goetz.

Ab etwa 1850 war das Turnen nicht mehr zu unterdrücken. Coburg sah dann das erste Deutsche Turnfest (1860), Berlin das zweite (1861) und Leipzig das dritte (1863). Es wurde zum bis dahin größten nationalen Fanal. In Leipzig war die herausragende Persönlichkeit unter den Turnern Dr. Ferdinand Goetz (1826–1915). Mediziner, liberaler Politiker, Reichstagsabgeordneter und ab 1895 Präsident der Deutschen Turnerschaft. Hochbetagt konnte er noch das bis dahin größte Deutsche Turnfest miterleben, das 12. in Leipzig im Juli 1913. Die ganze Stadt war im Turner-Credo „Frisch-Fromm-Fröhlich-Frei“, und der Turnergruß „Gut Heil“ verdrängte für eine Woche den „Guten Tag“. Das Turnen ist es gewesen, das den Ruf der Sportstadt Leipzig begründete. Und einen kleinen Anteil daran hatte sicher auch der „L.R.“ aus der Heinrichstraße.

Otto Künnemann

Tausch-, Schwoof- und Flimmerzentrale

Meine Lieblingsstraße in der Innenstadt ist die Hainstraße. Das war schon zu DDR-Zeiten so, denn da gab es immer etwas zu gucken. Dass einem ab der ersten Etage zum Teil noch Kriegsruinen entgegenblickten, fiel mir nur dann auf, wenn Besuch, vornehmlich der Westbesuch, da war. Heute strahlt sie (fast) wieder so schön wie einst.

Angelegt wurde die Hainstraße als Hauptweg des Ranstädter Viertels und benannt nach dem nördlich liegenden Hain, dem Rosental. Erstmals erwähnte man sie 1390. Sie stellt etwas Besonderes dar, weil sie als einzige Straße der Innenstadt noch eine geschlossene Altbebauung besitzt. Allerdings fand teilweise ein völliger Neuaufbau statt. So geschehen im Haus Nr. 2 „Zum Weinstock“ und im Haus Nr. 3 „Webers Hof“. Das eleganteste Gebäude der Hainstraße war zweifellos das um 1832 unter Einbeziehung mehrerer Altbauten errichtete Hotel de Pologne, Hausnummer 16/18. Im August 1846 fiel es einem Großbrand zum Opfer, wurde wieder aufgebaut und 1892 von Leipzigs bedeutendem Architekten Arwed Roßbach im Stil der Neorenaissance prachtvoll umgestaltet. Nach der Hotelkarriere wurde es zum Österreichischen Messehaus.

Es beherbergte auch einmal ein Kabarett, und zu DDR-Zeiten logierte dort das Leipziger Messeamt. Wer da auf die grausame Idee kam, den traumhaft schönen Speisesaal dunkelbraun anzu-

Zeitungswerbung fürs „U.T.“ („Union-Theater“) um 1935.

streichen und als Betriebskantine zu nutzen, ist zum Glück für ihn nicht mehr verbürgt ... Aber leider geht es dem ganzen Haus heute insgesamt nicht besser. Es dümpelt vor sich hin und mutiert zur Ruine – ein Schandfleck in dieser schönen Straße. Hier sollte sich dringend etwas tun!

Aber Gott sei Dank verfügt, bzw. verfügte meine Lieblingsstraße ja noch über zahlreiche andere bedeutende Einrichtungen. Ganz zu Anfang muss man da natürlich die Adler-Apotheke nennen, in der 1841/1842 Theodor Fontane als Apotheker tätig war.

Dann die alteingesessene Firma Richter & Knoth, für Bilder und Rahmungen bekannt. Nicht zu vergessen der in positivem Sinne berühmt-berüchtigte Kostümverleih Felix Semmler. Das interessanteste aber war die Hainstraße 17/19. Im heutigen Jägerhof, der sich durchgängig bis zur Großen Fleischergasse erstreckt, befand sich

Zeitungswerbung für die Tauschzentrale aus dem Jahr 1947.

nach dem Krieg eine inzwischen längst vergessene, aber damals sehr wichtige Einrichtung – die „Tauschzentrale“. Manche meiner älteren Verwandten oder Bekannten haben sie noch von innen kennengelernt und dort die kuriosesten Tauschgeschäfte gemacht: Aquarium gegen Wintermantel, Kinderroller gegen Sandaletten oder Rodelschlitten gegen Badeanzug. Wenn nur das beurteilte Wertverhältnis der Artikel in etwa übereinstimmte, war fast alles möglich.

Täglich Unterhaltungsmusik bei Willy Hammer! Reklame 1955.

Dort war aber auch das bei den Leipzigern und ihren (Messe-) Gästen sehr beliebte Riebeck-Bräu, mit Life-Musik, „Schwoof“ und nicht zu teuren Damen! Und abgerundet wurde das Areal durch das viel besuchte U.T., das zweiteleganteste Kino der Messestadt nach dem Capitol.

Martina Güldemann

Zweinaundorfer Wäsche-Kuchen

Im bescheidenen Leipziger Osten, „off'n Anger", bin ich aufgewachsen, und das durchaus fröhlich. Die „Magistrale" von Anger-Crottendorf war die Zweinaundorfer Straße, dort pulsierte das Leben. Als ich Mutter einmal fragte, was eigentlich Zweinaundorf ist, meinte sie: „Ach, das muss hier mal ein altes Dorf gewesen sein." Ja, ungefähr so war es. Nur etwas weiter draußen, in östlicher Richtung. Zum ersten Mal wurde es 1335 erwähnt. Es gab ein Unter- und ein Ober-Naundorf. Seit 1614, mit der Weihe des gemeinsamen Kirchleins, sprach man von Zweinaundorf. Das Dorf entwickelte sich zum Landhaus-Vorort Leipzigs und hatte 1934 knapp 1600 Einwohner. Weitgehend gegen deren Willen erfolgte in diesem Jahr der Zusammenschluss mit dem kleineren, aber industriestärkeren Mölkau, das auch gleich noch namensgebend wurde.

Idyllisches Zweinaundorf – Dorfstraße mit Schmiede um 1920.

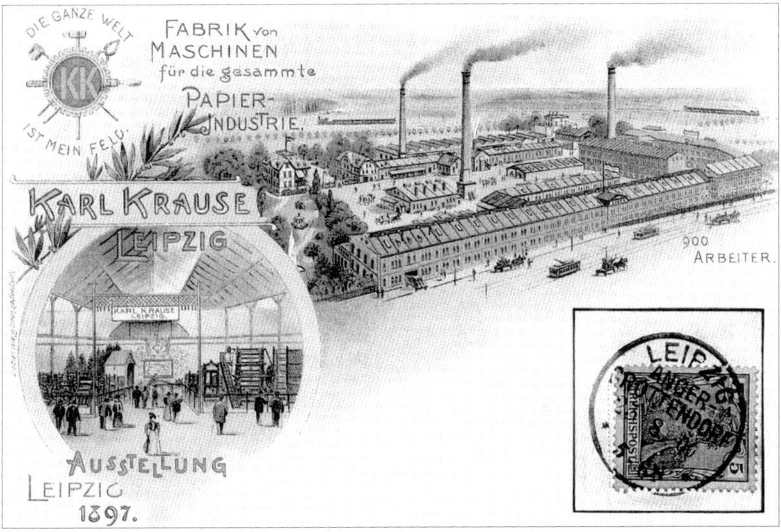

Werbe-Ansichtskarte der Firma Karl Krause zur Sächsisch-Thüringischen-Ausstellung 1897. Blick auf das Werk von der Zweinaundorfer Straße aus. „Die ganze Welt ist mein Feld“ – bei Karl Krause keine Übertreibung, und bei den 900 Arbeitern blieb es nicht, es wurden bis 1914 schließlich 1500. Rechts unten der Poststempel dieser erst im Jahr 1900 versandten Karte.

„Volkswirtschaftlich“ gesehen war in meiner Kindheit das Wichtigste an der Zweinaundorfer Straße der VEB Buchbindereimaschinenwerke, kurz „Bubima“. Dieser Betrieb war hervorgegangen aus der Gründung des erfolgreichen Unternehmers Karl Krause, der auf ehemaligen Kohlfeldern 1873/1874 seine Fabrik für Maschinen der papierverarbeitenden Industrie errichtete. Die Firma Karl Krause exportierte bis nach Übersee.

Nach wechselvoller neuerer Geschichte (Enteignung, sowjetische Demontagen, DDR-Großbetrieb) erfolgte 1990 die Stilllegung, und 1994/1995 wurden die Fabrikanlagen abgebrochen. Heute findet man auf dem riesigen Gelände eine interessante Steppen- und Buschlandschaft. Und wenn erst die Kleine Hufeisennase nachweisbar ist, wird's wohl Naturschutzgebiet ...

Die beiden Kohlgartendörfer Anger und Crottendorf waren Leipzigs Gemüselieferanten. Im Februar 1883 vereinigten sie sich zur Gemeinde Anger-Crottendorf. Bereits damals hatte man dank der Pferdebahn Anschluss an den städtischen Nahverkehr, und ab 1896 rollte auf der Zweinaundorfer die Elektrische. Heute nicht mehr. Nur einige traurige Gleisrudimente erinnern noch an die „Bimmel".

Das ehemals bekannte Etablissement Albertgarten gab es „zu meiner Zeit" schon nicht mehr, wohl aber die Albertgarten-Lichtspiele. Gastronomisch versorgt wurden die Zweinaundorfer von Frau Kaisers Restaurant „Zum Kohlgarten" (gegenüber der Martinstraße) und von Frau Thierbach mit ihrem „Ratskeller" (Ecke Ungerstraße). Die bekanntesten Geschäfte waren der Eissalon Ortner, Foto-Grammel und die Fleischerei Hähnel. Dieser Laden existiert noch heute.

Mein Favorit unter den Geschäften aber war unbedingt die Bäckerei Dürrlich. Von der Martinstraße aus gleich rechts, stadtauswärts. Heute ist da eine Abbruchfläche. Wie aufregend war es, mit Mutter die Zutaten in Dürrlichs warme, so herrlich riechende Backstube zu bringen. Unter des Meisters kundigen Händen entstanden Stollen oder ein wunderbarer Streuselkuchen. Und eine kleine Näscherei gab's obendrein. Am Nachmittag konnte das fertige, duftende Backwerk abgeholt werden. Ganz vorsichtig habe ich das kleine Brett getragen. Mutter das große. Ich liebte unsere beiden Kuchenbretter ...

Aber das war nur die eine aufregende Seite an Dürrlichs Bäckerei. Es gab eine Zweite. „Hier steht eine electr. Wäschemangel zur gefl. Benutzung" verkündete ein Emailleschild. „gefl." übersetzte ich mit „geflegt". Na, man hörte doch immer von gepflegter Wäsche. Warum man aber das klobige krachende Ungeheuer mit überdimensionalen Nudelhölzern „Wäschemangel" nannte, leuchtete mir überhaupt nicht ein. An Wäsche war hier ja nun wahrlich kein Mangel. Doch interessant war es auf jeden Fall und zum Glück auch der letzte Akt im Unternehmen „Große Wäsche“.

Am Vorabend des „Waschfestes“ wurde im großen Kessel schon „eingeweicht“, und dann war Mutter die beiden folgenden Tage fast nur noch im Waschhaus zu finden. Übrigens konnte der beheizbare ausgescheuerte und auf Hochglanz gebrachte Kessel auch wunderbar zweckentfremdet werden. Und zwar zu dem zeitaufwendigen, doch bei uns Kindern ungemein beliebten Kochen von Rübensaft aus Zuckerrübenschnitzeln. Es kam dann darauf an, wer von den Hausbewohnern rührte. Bei manchem durfte man das vierte und fünfte Mal naschen kommen, von anderen wurde man kaltherzig des begehrlichen Kessels verwiesen.

Mutters Laune war an den Waschtagen nicht die beste, ganz besonders, wenn sie keinen Bohnenkaffee zur Stärkung hatte. Zu essen gab's „was Schnelles“. Und um sie her war zu allem Überfluss immer Frau Sechser aus dem Nachbarhaus. Mutter und sie wuschen gemeinsam. Den bürgerlichen Namen von Frau Sechser habe ich vergessen. Bei mir hieß sie so, da sie mich stets mit „Nu, mei' Sechser ...“ ansprach. Meist folgte dann noch ein belehrender Spruch, wie beispielsweise, dass ich in der Schule nur ja gut aufpassen soll oder dass man immer seinen Eltern schön „folsch'n“ muss. Solches wird von allen Knaben sehr gern gehört!

Wenn Mutter dann aber stolz den Schrank voll frischer Wäsche präsentierte, freute ich mich auch. Zum einen hatten wir wieder normale Zeiten, und zum anderen konnte ich Frau Sechser aus dem Wege gehen.

Otto Künnemann

Sehen, was andere hören

Kinder lernen spielend – wie oft wird dieser Satz so dahingesagt, ohne weiter darüber nachzudenken. Jetzt wird dieser Tatsache weit mehr Aufmerksamkeit geschenkt als in früherer Zeit. Heute nutzt man diese Erkenntnis, um zum Beispiel im Kindergarten schon Fremdsprachen an die Knirpse zu vermitteln. Aber damals, so vor 70 Jahren, Fremdsprachen an kleine Kinder? Unvorstellbar, das können und das brauchen die nicht.

Das Samuel-Heinicke-Denkmal an der Liebigstraße, auf einem Foto um 1910. Der Sockel wurde von Max zur Strassen gefertigt, die Büste von Hiller. Im Jahr 1942 wurde auch dieses Denkmal ein Opfer der „Buntmetallspende des Reiches" für Kriegszwecke.

Unsere Ruth, ganze vier Jahre alt, war da allerdings anderer Meinung. Und das lag an einem netten Jungen. Er wohnte im selben Haus wie sie im Leipziger Osten. Allerdings spielte keiner mit ihm, weil keiner ihn verstand. Nicht der englischen oder der russischen Sprache war er mächtig, der kleine Fritz beherrschte die Gebärdensprache, denn er war taubstumm. Für Ruth kein Problem. In kürzester Zeit erlernte sie diese besondere Art der Kommunikation und beherrschte sie schon bald.

Irgendwann verlor sie den Fritz aus den Augen, aber das Schicksal wollte es, dass sie ihre Fähigkeit perfektionieren konnte. So wurde wegen der Wohnraumknappheit nach dem Krieg in die elterliche Wohnung eine Familie mit einem vierzehnjährigen, mit Ruth gleichaltrigen Mädchen eingewiesen. Und dieses Mädchen war taubstumm. Flugs kramte Ruth ihr einst erlerntes Wissen hervor und festigte es nun derart, dass sie nach dem Abitur als Junglehrerin an der Samuel-Heinicke-Schule eingestellt wurde und dort über 15 Jahre Religionsunterricht gegeben hat.

Warum gerade an dieser Schule und wer ist Samuel Heinicke? Jener Mann lebte von 1727 bis 1790. Er studierte in Jena und war dann Lehrer in Hamburg. Dort unterrichtete er auch Taubstumme, die er entgegen der landläufigen Meinung keineswegs als bildungsunfähig ansah.

Er kämpfte so vehement gegen dieses Vorurteil an, dass Kurfürst Friedrich August III. von Sachsen („der Gerechte“) davon hörte und Heinicke 1777 zum Aufbau eines „Chursächsischen Institutes für Stumme“ nach Leipzig berief. Am 14. April 1778 eröffnete er die deutschlandweit erste Lehranstalt für Taubstumme. Die von ihm entwickelte und eingeführte Lautsprache zeigte die besten Erfolge. Heinicke publizierte ausführlich darüber und sah in der Ausbildung sprachgestörter Jugendlicher sein Lebenswerk. Nach seinem Tod führten

Das Institut auf einem Foto um 1915, zur Zeit der Eröffnung.

erst seine Frau und dann sein Schwiegersohn die Schule weiter. 1840 wurde ein zentrales Taubstummeninstitut ins Leben gerufen, das 40 Jahre später bereits mit mehr als 100 Schülern in ein großes Gebäude Ecke Waisenhaus- (Liebig-) und Talstraße umziehen konnte.

1881 wurde dort das Denkmal errichtet, welches unsere Abbildung zeigt. In den Kriegsjahren 1914/1915 entstand dann an der Karl-Siegismund-Straße jener imposante Bau, der auch heute noch dieses Institut nebst Kindergarten, Internat und Beratungsstelle beherbergt. Das Archiv und die in Schulbesitz befindliche Bibliothek für Hör- und Sprachgeschädigtenwesen (sie beherbergt heute rund 50 000 Bücher und Schriften) komplettieren diese besondere Bildungseinrichtung.

Martina Güldemann

Ein Haar in der Suppe

In den 70er Jahren, der genaue Zeitpunkt ist mir entfallen, arbeitete ich mehrere Monate auf der Technischen Messe, heute „Alte Messe“ genannt.

Im Jahr 1913 fand auf diesem Gelände die IBA, die Internationale Baufachausstellung, statt. Nach dem Ersten Weltkrieg wurde dort die Technische Messe mit ihren zahlreichen und immer weitergeführten Bauten errichtet. Der Hauptgrund war, dass die Kapazität der innerstädtischen Messehäuser einfach nicht mehr ausreichte. Der Welthandelsplatz Leipzig war trotz des Ersten Weltkrieges unumstritten. Im März 1920 öffnete das neue, großzügig angelegte Ausstellungsgelände „zu Füßen des Völkerschlachtdenkmals“. 225 000 Quadratmeter neue Fläche hatte die Leipziger Messe hinzugewonnen, versehen mit einem idealen Bahnanschluss, ausgehend vom Bayrischen Bahnhof.

Nach schweren Bombenschäden gelang es bereits 1946 (wenn vorerst auch nur in vier Hallen), die Technische Messe wiederzubeleben. Nachdem die erfolgreiche Frühjahrsmesse 1952 über 300 000 Gäste angelockt hatte, wurde sie vom SED-Zentralkomitee – abgeschafft! Handelsschwerpunkt der DDR sollte Ostberlin werden! Unglaublich – dagegen hatten sogar, wenn auch vergebens, die Leipziger Genossen protestiert.

Das Messegelände war nun völlig verwaist, denn die Herbstmesse fand bis 1968 nur in den innerstädtischen Messehäusern statt. Endlich, 1955, nachdem der „Handelsschwerpunkt Ostberlin“ gründlich danebengegangen war, besann man sich höchsten Ortes: Leipzig durfte erstmals wieder eine Frühjahrsmesse durchführen. 560 000 Gäste aus aller Welt machten klar, welchen Stellenwert die Leipziger Messe sofort wieder fand.

Als ich auf dem Messegelände gearbeitet habe, florierte das DDR-Messegeschäft. Leipzig war die Ost-

Foto von der vorerst letzten Frühjahrsmesse, Messegelände, März 1952.

West-Handelsdrehscheibe und als solche international anerkannt. Außerhalb der Messezeiten war die Versorgung zum leiblichen Wohl dort allerdings schlecht. Meine Kollegen und ich gingen mittags meist in die nahe gelegene „Rote Mühle“, Lenin- (heute Prager-) straße 148. Dieses Etablissement hatte mit der weltbekannten Pariser Roten Mühle, dem „Moulin rouge“ aber gar nichts gemein. Es war eine kleine, für den Leipziger Osten typische Arbeiterkneipe. Ein Schild an der Tür verriet: Inhaberin Wally Siebenhaar. Unterstützt wurde sie von ihrer Schwester. Die beiden Frauen waren Hamburgerinnen und sicher schon um die 70 Jahre alt. Irgendwie hatte sie der Krieg nach Leipzig verschlagen.

Ihr Speiseangebot beschränkte sich auf Spiegelei oder Bockwurst, wahlweise mit Brot oder Salat. Hin und wieder gab es aber auch eine delikate Erbsensuppe „mit“ oder „ohne“. Das bezog sich auf eine eventuell einzulegende kleine Knackwurst. Ich erinnere mich noch gut meiner Bestellung „ohne“. „Was, du lüttes Kerlchen“, meinte Wally, „du isst ‚mit‘ und wenn du kein Geld hast, geht’s aufs Haus!“ Das Besondere in der sehr bescheidenen Kneipe war an einer der Wände ein umkränztes Bild von Ernst Thälmann, darunter war zu lesen „Uns’ Teddy“ und ein „ewiges Lämpchen“ brannte davor. Allerdings nicht immer. Die Schwestern hatten Thälmann persönlich gekannt und waren wohl auch mit ihm befreundet gewesen.

Eines Tages aber war die Rote Mühle zu. „Aus techn. Gründen geschlossen“. Schnell hatten wir in Erfahrung gebracht, dass die gegenüber, ausgangs der Riebeckstraße liegende Bezirkshygieneinspektion, im vormaligen Arbeitshaus logierend, die Schließung veranlasst hatte. Man hatte wohl bei Wally Siebenhaar ein Haar in der Suppe gefunden ... Einer meiner Kollegen konnte den unglücklichen Schwestern Mut machen und hatte auch gleich die rettende Idee parat: Eine Eingabe an die SED-Kreisleitung! Gipfelnd in dem Satz: „Wir wissen nicht, warum es den Damen der Bezirksinspektion bei uns nicht geschmeckt hat – unser Freund Ernst Thälmann war da anderer Meinung, wenn wir für ihn kochten“. Das muss wie eine Bombe eingeschlagen haben. Wenige Tage später war bereits alles geregelt. Die Schwestern bekamen einen langfristigen zinslosen Kredit zum Einbau einer neuen Küche und die Handwerkerkosten übernahm die hohe Kreisleitung! – Tja, man muss sich nur zu helfen wissen. Herzlich haben wir unserem Kollegen zu seiner tollen Idee gratuliert!

Otto Künnemann

Ein „sittenloser“ Brunnen?

Die beliebtesten Treffpunkte bei Stadtführungen im Leipziger Zentrum sind das Bachdenkmal am Thomaskirchhof, die Gedenksäule am Nikolaikirchhof und der Mendebrunnen auf dem Augustusplatz. Ich erwarte meine Gäste besonders gern am Brunnen. Die Bänke laden zum Sitzen ein und die 60 Wasserspiele sind einfach schön und haben zudem etwas Beschaulich-beruhigendes.

Wie gut, dass die Hauptfiguren hohl sind, sonst wären sie sicher einer unserer buntmetallliebenden Diktaturen zum Opfer gefallen. Der Brunnen stellt eine Referenz an das Wasser dar, den Träger allen Lebens.

Der Leipziger Schriftsteller Paul Heyse verfasste dazu die Inschrift der Nordseite:

Zum Himmel streben
in frischer Kraft,
der Erde geben
was Segen schafft,
in lautrer Helle
lehrt es die Quelle.

Und auf der Gegen-, der Südseite kann man lesen:

Errichtet
aus dem Vermächtnis
der Frau
Marianne Pauline Mende
geb. Thierlot
1886.

Geschaffen hat den Brunnen Oberbaurat Adolf Gnauth aus Nürnberg, der den Auftrag der Stadt Leipzig bekommen hatte. Seine Arbeit konnte er nicht vollenden, er verstarb 1884. Leipzigs großer Ratsbaumeister Hugo

Licht übernahm die Restarbeiten, die Überwachung des Aufbaus, bis hin zur Enthüllung im Jahr 1886.

Um unseren Leipziger Zierbrunnen hält sich mit Hartnäckigkeit die Erzählung, er verdanke seine Existenz der Spendenfreudigkeit einer bestimmten Dame, die im Böttchergäßchen ein „Etablissement" betrieb. Mit dieser, insbesondere in bestimmten Herrenkreisen weit bekannten Hausmutter Mende hat der schöne Brunnen allerdings nichts zu tun.

Ausdrucksstarke Aufnahme des Mendebrunnens um 1890. Links im Hintergrund die Paulinerkirche noch in alter Form, nur wenige Jahre vor dem Umbau durch Stadtbaurat Arwed Roßbach.

Die hochherzige Stifterin dagegen war die ehrbare und sehr vermögende Kaufmannswitwe Mende. Interessant ist, dass sie zudem der Stadt Leipzig angeboten hatte, eine Spende von einer Million Thaler (drei Millionen Reichsmark) zu erbringen, wenn man zu Ehren ihres verstorbenen Mannes eine Leipziger Straße umbenennt. Und Witwe Mende wusste auch welche, nämlich die Waisenhaus-, die heutige Liebigstraße.

Alt-Bürgermeister Dr. Otto Koch (1810–1876) lehnte dieses Ansinnen jedoch ab, mit der Begründung, dass der Handelsmann Mende Selbstmord begangen habe! So bekam die Stadt Leipzig im Jahr 1869 statt der Millionenspende nur 50 000 Thaler (ab 1872, mit Einführung der Reichswährung, wurden daraus 150 000 Goldmark).

Dank guter Verzinsung war das Kapital bis zur Erstellung des Brunnens auf 181 550 RM angewachsen. Die Gesamtkosten beliefen sich letztlich auf 188 563 RM.

Die fehlenden 7000 zahlte nicht etwa Leipzigs vermögender Rat – man entnahm sie elegant dem Legat zur Verschönerung der Stadt des Franz Dominik Grassi! Der Mendebrunnen traf keineswegs auf sofortige Begeisterung. Manch einer hielt ihn für zu verspielt, ein anderer die figürlichen Darstellungen für allzu allegorisch oder ein dritter, da er einem Barockbrunnen ähnelte, für nicht mehr ganz zeitgemäß.

Erst als der betagte, hochangesehene Leipziger Naturforscher und Philosoph Gustav Theodor Fechner (1801–1887) ihn in einer Verteidigungsschrift als Kunstwerk anerkannte, änderte sich alsbald die Bürgermeinung. Heute gehört er, nach Völkerschlacht- und Bachdenkmal, zu den meist fotografierten Objekten in Leipzig.

Und ich weiß, wovon ich spreche. Ich glaube, es reichen keine hundert Reisengruppen, die ich auf deren Wunsch dort schon abgelichtet habe.

Otto Künnemann

Münzen und Postwertzeichen aus der deutschen Kolonialzeit.

Lady africana

In meinem Kollegenkreis tauchte einmal, noch zu tiefen DDR-Zeiten, eine ganz besondere Frage auf. Sie traf sofort und allgemein auf großes Interesse – nämlich diese: „Stell dir vor, über Nacht wäre die Mauer verschwunden, was würdest du als Erstes machen?“ Die Antworten waren breit gefächert und zumeist von Bescheidenheit gekennzeichnet. „Mit der Harzquerbahn hinauf zum Brocken.“ – „Nein, ich möchte nicht, dass die Mauer über Nacht weg ist, ich will doch unbedingt beim Abriss mitmachen!“ – „Einmal möchte ich im Wattenmeer spazieren gehen.“ – „Sofort einen Betriebsausflug zur Zugspitze organisieren.“ – „Zum nächsten Bundesligaspiel von Bayern München fahren“. Ja, ein ausgiebiger „Reeperbahnbummel“ war auch dabei.

Ich war ein bisschen unverschämt: „Ach, Paris wäre wunderbar“... Leuchtende Augen überall. „Und du, Gisela?“ Die kleine Person, die immer Mühe hatte, ihre 50 Kilo auf die Waage zu bringen, sagte fest und trocken und ohne jedes Lächeln: „Kilimandscharo!“

Die Heiterkeit war allgemein. Natürlich habe ich sie später darauf angesprochen und war beeindruckt von ihrem Interesse und der Intensität, mit der sie sich mit dem höchsten Punkt des heißen Kontinents, schnee- und eisbedeckt, befasst hatte.

„Deutschlands größter Berg" hieß es im kolonialen Kaiserreich, denn das Kilimandscharomassiv lag innerhalb der Grenzen der Kolonie Deutsch-Ostafrika.

Einem gewichtigen Argument Giselas konnte auch ich mich nicht verschließen: Der Erstbesteiger des Berges war ein Leipziger! Es war der Sohn Hans des Verlagsbuchhändlers Hermann Julius Meyer (1826–1909).

Die beeindruckende Grabstätte der großen Leipziger Buchhändlerfamilie. Rechts der Grabstein von Hans Meyer.

Hans Meyer (1858–1929) hatte Staatswissenschaften und Geografie studiert, war Mitinhaber des Bibliografischen Instituts und Forschungsreisender aus Leidenschaft. Indien und Südamerika, Ostasien und Afrika hatte er bereist und wissenschaftliche Forschungen betrieben. Im Oktober 1889 gelang es ihm nach mehreren vergeblichen Anläufen gemeinsam mit dem Österreicher Ludwig Purtscheller, den Hauptgipfel des damals noch weit mehr vereisten Kilimandscharo zu erreichen. Den höchsten Punkt des Kibo benannte er zu Ehren des Landesherrn Kaiser-Wilhelm-Spitze und setzte dort, auf 5895 Metern Seehöhe, die Reichsflagge. Hans Meyer war unter anderem Vorsitzender des Vereins für Erdkunde zu Leipzig und lehrte als Professor für Kolonialgeografie von 1915 bis 1929, bis wenige Wochen vor seinem Tod, an der Leipziger Universität. Die letzte Ruhe fand er auf dem Leipziger Südfriedhof.

Seit unserer damaligen Gesprächsrunde „Was wäre ohne Mauer ...“ waren viele Jahre vergangen. Der Leipziger Herbst 1989 hatte das Ende des Monstrums in wunderbarer Weise eingeleitet. Mein Kollege, der es sich so gewünscht hatte, war aktiver „Mauerspecht“ geworden, ein anderer war auf der Reeperbahn und ich konnte mir meinen großen Wunsch erfüllen: Paris.

„Kilimandscharo-Gisela“ war mit der Familie ins Frankenland verzogen, wir standen aber immer im Briefwechsel. Wie verblüfft war ich, als im Frühjahr 2007 Post kam mit der Nachricht, dass sie einer Trainingsgruppe angehöre, die plane, im September des gleichen Jahres den „Kili“ zu ersteigen! Nun endlich, schrieb sie, möchte sie sich den Traum von „ihrem“ Berg erfüllen. Natürlich habe ich sie gewarnt und mich auch nicht gescheut, an ihre 66 Lebensjahre zu erinnern – vergebens.

Aber sie hatte alles richtig gemacht! Natürlich waren die Strapazen groß. Nicht wenige und wesentlich Jüngere mussten aufgeben. Einen eisernen Willen hatte Gisela

Gisela und einer der Guides.

schon immer! Am 17. September 2007 war sie auf dem Kibo, und damit gilt der Berg als bezwungen. Aber nein, bei ihr musste es auch noch die Kaiser-Wilhelm-Spitze sein, dort wo einst Hans Meyer stand. Und als ihr da der begleitende Guide sagte, dass sie „der höchste Mensch Afrikas“ sei, da kam berechtigter Stolz auf. Als sie sich telefonisch zurückmeldete und ich von ihrem Erfolg hörte, kam mir nur ein respektvoll-bewunderndes „Lady africana“ über die Lippen!

Otto Künnemann

Der majestätische Kilimandscharo.

Gertrud im Blumentopf

Wo de ooch latschsd in Leipzsch gerade,
sei's innre Stadt, sei's Promenade,
gebuddeld wärd an allen Enden
als wollten se de Straßen wenden.
Wo m'r wandeld, wo m'r schländerd,
ärchend was wärd dort verändert.
Hier 'ne Schleiße offgerissen,
dort 'ne Mauer umgeschmissen.
Schräg niewer gähnd ä diefer Schlund,
ä Maurer hockt dort off'n Grund.
Wenn eener dorgelt da im Suff,
där schdärzd in de Diefe – un geht druff!

Lene Voigts Gedicht „So änne Buddelei" ist zeitlos gültig. Heute wie früher gilt: „Gebuddeld wärd an allen Enden". Im Frühjahr 2008 hatte es Leipzigs innere Westvorstadt besonders hart getroffen. Die Generalreparatur der Schleußiger Brücke und damit die Vollsperrung von Rödel- und Antonienstraße brachte enorme Verkehrsprobleme mit sich. Für die stark frequentierte Buslinie 60 musste sogar eine Behelfsbrücke über die Weiße Elster errichtet werden. Jene 60, die noch gut bekannt ist als A-Bus, und für Ältere unvergessen im jahrzehntelangen elektrischen Betrieb als Oberleitungsbus. Der Brückenbau erfolgte unmittelbar neben dem Limburger Steg an der Holbeinstraße.

Auf dem Stadtplan im vorderen Teil des Telefonbuches findet sich für den Entensteg der Name „Birminghambrücke"! Klingt zwar toll, sagt bloß keiner. Der Brückenschlag war aufwendig und interessant, aber auch recht lärmintensiv. Mensch und Tier litten. „Du, auf unserem Balkon stand heute Morgen eine Ente", sagte meine Frau an einem Tag des Monats April zu mir. „Was die bloß wollte ...?" Wir sollten es erfahren.

Linienbus der LVB auf der Behelfsbrücke über die Weiße Elster.

Zwei Tage später entdeckten wir sie ein zweites Mal. Nun in einem großen Blumentopf an der Balkonwand. Zweifelsfrei – sie hatte ein Nest gebaut und war offenbar fest entschlossen, hier ihren Nachwuchs zur Welt zu bringen. In der dritten Etage eines Mietshauses, weitab vom Fluss! Die Störungen durch das Baugeschehen an der Elster mögen sie zu diesem sehr eigenwilligen Schritt veranlasst haben.

Am Abend, als sie kurzzeitig weg war – auch eine werdende Entenmutti muss essen gehen und trinken fliegen – sahen wir, dass im gut abgedeckten Nest zwei hübsche weiße Eier mit einem Anflug von zartem Grün lagen. Unsere Gertrud, so hatten wir sie genannt, legte fleißig weiter, jeden Tag ein Ei.

Gertrud im Blumentopf.

Schließlich waren es neun geworden. Nun wurde gebrütet, und nun begannen unsere Sorgen.

„Alle Neune".

Was sollte werden, wenn die Küken geschlüpft sind? Entenküken sind Nestflüchter, die auf den Lockruf der Mutter hin in den Tod springen würden. Den Sturz aus etwa zwölf Meter Höhe würden sie nicht überleben. Da waren wir gefordert! Im Internet fanden wir zahlreiche wertvolle Hinweise und konnten unsere Vorbereitungen treffen. Käscher, Karton sowie ein Körbchen für das große Ereignis standen bereit. Da Gertrud nachmittags in glühend heißer Sonne saß, habe ich ihr einen schattenspendenden Schirm aufgespannt. Sie nahm dankend an.

Dann der aufregende Tag – die Küken waren da. Einige Stunden verbleiben Mutter und Kinder noch im Nest – die Küken müssen sich erholen. Als Gertrud aber immer unruhiger wurde, galt es zu handeln. Die fast handzahme Ente in den Käscher zu bringen, war kein Problem. Sie kam in den Pappkarton und blieb erstaunlich friedlich.

Und da hatten wir nun die entzückende Jugendabteilung. Alle neun waren geschlüpft und wurden ausgiebig bewundert. Dann kamen sie ins Körbchen und es ging hinüber zur Weißen Elster. Unsere Gertrud im Karton gab kleine beruhigende, glucksende Laute von sich, und sie wiederum hörte ihre Küken piepsen. An einer flachen Uferstelle haben wir das mitgenommene Nest samt Küken auf den Boden gesetzt.

Eins von Gertruds neun reizenden Entenkindern.

Und nun kam der gefährlichste Moment. Tierschützer hatten uns gesagt, wenn ihr es so weit wirklich schafft – nun ist Schluss. Denn in Todesangst stürzt die Ente aus dem geöffneten Karton, fliegt auf, und ihr seht sie nie wieder. Und dann macht mal was mit den Jungtieren!

Aber doch nicht unsere Gertrud! Sie verließ das Behältnis in würdevoller Ruhe und dachte gar nicht daran aufzufliegen. Ruhigen Schrittes watschelte sie hinüber zu ihren Kindern. „Nak, nak!" – Neun kleine Federbällchen sprangen auf und folgten ihr in Reihe marschierend brav zum Flussufer. Eins nach dem anderen hopste ins Wasser. Im Abgehen habe ich Gertrud noch meine Hochachtung ausgesprochen und ihr gesagt, sie könne im nächsten Jahr, falls sie möchte, gern wieder auf „ihrem" Balkon Platz nehmen. Und meine Frau meinte, ich dürfte nun „Entenmutti" zu ihr sagen.

Otto Künnemann

Ein Sohn kehrt heim

Im Jahr 1835 ist der junge Komponist Felix Mendelssohn Bartholdy, der bis dahin in Berlin wirkte, zum „Director musici" an das Leipziger Gewandhaus berufen worden. Eine weise Entscheidung. Felix Mendelssohn wurde diesem Orchester, das durch ihn europaweit bekannt wurde, ein hervorragender Leiter. Aber er machte sich noch weit mehr um die Musikstadt Leipzig verdient. Zurecht bezeichnet man ihn als den Wiederentdecker des Werkes Johann Sebastian Bachs. Er musizierte mit den Größen seiner Zeit, u.a. mit Robert Schumann, Clara Wieck, Franz Liszt, Jenny Lind, Ferdinand Hiller und Ignaz Moscheles. Sinfonien, die bekannteste ist sicher die „Schottische", Oratorien und Violinenkonzerte entstammen seiner Feder. Den „Sommernachtstraum" kennen alle Musikfreunde, und jede zweite Ehe wird unter den Klängen seines Hochzeitsmarsches geschlossen.

Er begründete 1843 das „Conservatorium der Musik", die erste deutsche Musikhochschule. Und Deutschlands früheste Bachehrung, das Denkmal an der Promenade am Dittrichring, hatte er angeregt, gestiftet und bezahlt. So, wie es Leipzigs allzeit geiziger Rat am liebsten sah. Der leider viel zu früh verstorbene Felix Mendelssohn Bartholdy, der nur 38 Jahre alt wurde, hat am weltweit guten Ruf Leipzigs als Stadt der Musik großen Anteil.

Einem solchen Mann gebührt ein Denkmal. Das sahen gewiss auch Leipzigs Ratsherrn so – natürlich ohne etwas zu tun. Endlich, 1892, reichte es der Leipziger Bürgerschaft. Aus privaten Mitteln wurde das Mendelssohndenkmal finanziert. Vor dem zweiten, dem Neuen Leipziger Gewandhaus konnte am 26. Mai 1892 das kunstvolle Ensemble enthüllt werden. Auf den Stufen des Denkmalsockels finden wir Euterpe, die Muse der Musik. Zur Linken zwei singende, zur Rechten zwei musizierende Putti.

Das erste Mendelssohndenkmal stand vor dem Neuen Gewandhaus. Das Gebäude war bombenbeschädigt, wurde gesichert und sollte restauriert werden. Im März 1968 hat man es dennoch gesprengt. Das Foto mit dem Blick zur Universitätsbibliothek entstand 1932.

Darüber, auf hohem Sockel, die Bronzestatue des Komponisten am Dirigentenpult.

Der Leipziger Werner Stein schuf die attraktive Plastik. Ein Würdiger hatte eine würdige Ehrung erfahren.

Das blieb leider nicht immer so. Mendelssohn, eine der bedeutendsten deutschen Musikerpersönlichkeiten, wurde von Antisemiten bereits frühzeitig verunglimpft. Das begann mit Richard Wagners Schrift aus dem Jahr 1850 „Judentum in der Musik“ und gipfelte in der Rassenverfolgung der Nationalsozialisten. Sein Denkmal wurde im November 1936 vernichtet, gegen den Willen der Leipziger und des Oberbürgermeisters Carl Friedrich Goerdeler, der daraufhin sein Amt niederlegte.

Leipzig hatte eines seiner beeindruckendsten, schönsten Denkmäler verloren. An eine Wiedergewinnung war zu DDR-Zeiten nie zu denken. Wohl kaum ein Leipziger, dem seine Stadt und ihre Traditionen viel bedeutet, wird gehofft haben, das Denkmal je wiederzusehen. Und nun, im Herbst 2008, haben wir es tatsächlich wiederbekommen. Welch eine Freude! Natürlich auch heute wieder weitgehend durch private Initiative, vorrangig durch hochherzige Spender. Die wichtigsten nennt eine kleine Bronzetafel an der Denkmalsrückseite. Wie verblüfft war ich, dort die Namen eines Freundes, eines Gästeführerkollegen und dessen Gemahlin zu finden. Beträchtliche Mittel muss ihnen die Heimkehr eines schon verloren geglaubten Sohnes wert gewesen sein.

In gleicher Schönheit zeigt sich das Denkmal, so wie es einst geschaffen wurde. Felix Mendelssohn Bartholdy ist nach Jahrzehnten der Abwesenheit nach Leipzig zurückgekommen. Am 18. Oktober 2008 erfolgte die feierliche Denkmalsweihe. Hunderte Leipziger waren dabei, die Thomaner sangen und auch ein großer heutiger Leipziger der Musik war zugegen: Professor Kurt Masur.

Otto Künnemann

Der wichtigste Teil des Denkmals ist nach gelungenem Guss fertig, die Mendelssohngestalt. Aufnahme vom September 2008 in der Buntmetallgießerei Lauchhammer.